Wege nach Translantis

Niederlande-Studien

herausgegeben von
Lut Missinne, Gunther De Vogelaer, Friso Wielenga
und Markus Wilp

Beiheft 6

Lisa Mensing, Lut Missinne

Wege nach Translantis

Leitfaden für Übersetzer: Niederländisch – Deutsch

Waxmann 2020
Münster · New York

Bibliografische Information der Deutschen Nationalbibliothek
Die Deutsche Nationalbibliothek verzeichnet diese Publikation in der Deutschen Nationalbibliografie; detaillierte bibliografische Daten sind im Internet über http://dnb.dnb.de abrufbar.

ISSN 1618-4041
Print-ISBN 978-3-8309-4187-3
E-Book-ISBN 978-3-8309-9187-8

Steinfurter Straße 555, 48159 Münster

www.waxmann.com
info@waxmann.com

Umschlaggestaltung: Pleßmann Design, Ascheberg
Umschlagabbildung: Vordergrund: © Lut Missinne; Hintergrund: Siegel der Generalstaaten der Niederlande aus dem Jahre 1578. Es zeigt einen gekrönten Löwen mit Schwert und Pfeilbündel, das die 17 Provinzen der Niederlande vereint nach der Pazifikation von Gent (1576) symbolisiert. Aus: Zannekin-nieuwsbrief 1/89, S. 5.
Satz: satz&sonders GmbH, Dülmen
Druck: CPI Books GmbH, Leck
Gedruckt auf alterungsbeständigem Papier gemäß ISO 9706

FSC www.fsc.org MIX Papier aus verantwortungsvollen Quellen FSC® C083411

Printed in Germany

Inhalt

Vorwort

Seit zehn Jahren wird am Institut für Niederländische Philologie der Westfälischen Wilhelms-Universität Münster der Masterstudiengang *Literarisches Übersetzen Niederländisch – Deutsch* angeboten. Zahlreiche Studierende sind auf diese Weise in die Welt der niederländischen und flämischen Literatur eingetaucht und haben erste Übersetzungen literarischer Texte ins Deutsche angefertigt. Jedes Jahr wird im Wintersemester ein Übersetzer[1] eingeladen, um Workshops zu geben, in denen Kurzgeschichten, Romanfragmente, Kinderliteratur oder Poesie übersetzt werden. Die bisherigen Workshops wurden von Gerd Busse, Anna Carstens, Rolf Erdorf, Rainer Kersten, Andrea Kluitman, Christiane Kuby, Simone Schroth, Gregor Seferens, Ira Wilhelm und Frederike Zindler geleitet.

Der hier vorliegende Leitfaden soll deutschsprachigen Studierenden dabei helfen, auf den Wegen nach Translantis den richtigen Pfad einzuschlagen. Über die Jahre hinweg wurde festgestellt, dass die Studierenden bei ihren ersten Gehversuchen in der Welt des Übersetzens systematisch die gleichen, teils sprachenpaarspezifischen Fehler machen und mit wiederkehrenden Problemen konfrontiert werden. Diese Beobachtung führte schließlich zu der Idee, Tipps und Hinweise für typische Probleme beim Übersetzen aus dem Niederländischen ins Deutsche zu sammeln und allen zukünftigen Masterstudierenden als Hilfsmittel bereitzustellen. Die *Gouden Vertaalregels* des renommierten Übersetzers und Übersetzungswissenschaftlers Paul Claes (Universität Antwerpen) dienten uns dabei als inspirierendes Beispiel.

Wir hoffen, dass die Studierenden mithilfe dieses Wegweisers die Anfangsphase des literarischen Übersetzens schneller und effizienter durchlaufen können und lernen, den Stolpersteinen, die dieses Sprachenpaar mit sich bringt, geschickt auszuweichen, um die Qualität

---

1 In diesem Buch ist jede Personennennung generisch, sodass stets alle Geschlechter gemeint sind.

ihrer Übersetzungen zu verbessern und sich auf dem Weg nach Translantis nicht zu verirren.

Dieses Buch ist nur einer von vielen Bausteinen auf dem weiten Weg zur Professionalisierung eines Übersetzers, wie Petra-E, der Rahmenplan für die Aus- und Weiterbildung von Literaturübersetzern, genauer darstellt (https://petra-educationframework.eu/de/). Ein guter Literaturübersetzer ist ein Tausendsassa, der nicht nur die Sprachen und Kulturen bis ins kleinste Detail kennen sollte. Er sollte ebenfalls über ein sehr gutes Sprachgefühl verfügen, kreativ im Umgang mit Sprache sein, Einfühlungsvermögen haben, jede Sprach-, Register- und Stilnuance eines Textes wahrnehmen können und vieles mehr.

Deutschsprachige Studierende, die den Master of Arts *Literarisches Übersetzen* studieren, verfügen über die nötigen Text- und Sprachkompetenzen (sie können Texte analysieren, kennen sich mit Genretraditionen aus und haben im Bachelorstudium bereits ein entsprechendes Sprachniveau der Ausgangssprache erworben) und über umfangreiche literarisch-kulturelle Kompetenzen. Berührungspunkte mit dem literarischen Übersetzen gab es im Bachelor jedoch nur bedingt. In der Anfangsphase des Masterstudiengangs müssen die Studierenden deshalb zuerst lernen, Übersetzungsprobleme zu erkennen und neu erlernte Übersetzungsstrategien anzuwenden. Dieser Leitfaden soll deshalb vor allem dabei helfen, die nötigen Transferkompetenzen zu verbessern. In den Workshops, im individuellen Lernprozess bei der Anfertigung eigener Übersetzungen und im Kontakt mit erfahrenen Übersetzern verbessern die Studierenden ihre heuristischen Kompetenzen und lernen, Referenzmaterialien zu finden und gezielt digitale Hilfsmittel einzusetzen.

Ein Hilfsmittel wie dieses wird mit Sicherheit keinen Meisterübersetzer vom Himmel fallen lassen, doch die Bewusstmachung von Übersetzungsproblemen und die Fähigkeit, bestimmte sprachliche Unterschiede und ihre jeweiligen Auswirkungen auf das Übersetzen erkennen und benennen zu können, können dabei helfen, das Bewusstsein sowohl für die Ausgangs- als auch für die Zielsprache und vor allem für das Fach des Übersetzens zu schärfen.

Der vorliegende Leitfaden ist das Ergebnis eines einjährigen Projekts, für das Erfahrungsberichte aus den Workshops am Institut,

Erkenntnisse erfahrener Übersetzer und wissenschaftliche Beiträge gesammelt und ausgewertet wurden.

Wege nach Translantis erhebt folglich keinerlei Anspruch auf Vollständigkeit. Wir haben uns darum bemüht, die frequentesten Probleme des Sprachenpaars Niederländisch-Deutsch aufzunehmen und entsprechende Lösungsstrategien aufzuzeigen. Der Leitfaden strebt nicht den Status eines Handbuchs für Anfänger auf dem Gebiet der Literaturübersetzung an. Er widmet sich bewusst nicht den grundsätzlichen Aspekten des literarischen Übersetzens oder den nötigen Berufskompetenzen, sondern beschränkt und konzentriert sich auf die anfänglichen Fallstricke, mit denen Anfänger unserer Erfahrung nach zu kämpfen haben.

Die ausgewählten Themen wurden in Anlehnung an die Einteilung der Duden-Grammatik[2] sortiert. Sie werden durch Infoboxen mit grammatischem Zusatzwissen und Sprechblasen mit allgemeinen Übersetzungstipps ergänzt. Diese Einteilung ermöglicht einen pragmatischen Zugriff.

Wir sind uns darüber im Klaren, dass die aufgezeigten Probleme, die vorgestellten Lösungsansätze und vor allem auch die präsentierten Beispiele stark kontextabhängig sind und nicht als allgemeingültig angesehen werden können. Wir stellen keine Regeln auf, sondern präsentieren Übersetzungsstrategien. Die Kunst des Übersetzens liegt darin, die Probleme zuerst einmal überhaupt zu erkennen und schließlich für jedes Problem eine individuelle Lösung zu finden, die schließlich ihren Teil dazu beiträgt, dass ein neues adäquates literarisches Gesamtwerk in der Zielsprache entsteht. Die in diesem Leitfaden dargestellten Beispiele dienen der Veranschaulichung der präsentierten Lösungsansätze. In einem anderen Kontext könnten die Übersetzungen anders aussehen. Sofern bei den Beispielen kein Übersetzer genannt wird, handelt es sich um Übersetzungen, die von den Autoren dieses Buches eigens für den Leitfaden angefertigt wurden.

Das Projekt ist mit diesem Leitfaden demzufolge nicht abgeschlossen, sondern stellt eine Momentaufnahme dar. Wir hoffen, dass wir mit dieser ersten Version einen Grundstein für die weitere Aus-

---

2 Wermke, Matthias (Hrsg.). *Duden. Die Grammatik. Unentbehrlich für richtiges Deutsch.* 7., völlig neu bearb. und erw. Auflage. Mannheim: Dudenverlag 2006.

einandersetzung mit dem Thema schaffen und freuen uns über Kommentare und Anregungen, die Sie für sich selbst auf den in diesem Buch vorhandenen Notizseiten sammeln können. Gerne können Sie Ihre Anmerkungen anschließend dem Institut für Niederländische Philologie der Universität Münster zukommen lassen.

Zuletzt möchten wir uns auch noch bei denjenigen bedanken, ohne die dieses Buch in dieser Form nicht hätte entstehen können: bei Helga van Beuningen, Heinz Eickmans, Rainer Kersten, Christiane Kuby, Eva Schweikhart und Ira Wilhelm für die hilfreichen und inspirierenden Gespräche; bei Anna Eble, Heinz Eickmans, Beate Knees, Tim Rösler, Gunther de Vogelaer und Ira Wilhelm für das genaue Lesen und Kommentieren des Leitfadens und bei den zahlreichen Übersetzern, die während des Entstehungsprozesses schriftlich mit Rat und Tat zur Seite standen, sowie bei den Studierenden, die an den Workshops teilgenommen und angeregte Diskussionen geführt haben.

1. Einleitung

Jeder deutsche Muttersprachler, der Niederländisch lernt, hat mit Sicherheit festgestellt, dass die augenscheinliche Verwandtschaft der beiden Sprachen und die räumliche Nähe zueinander den Eindruck erwecken, als gäbe es vor allem Parallelen. Dieser Eindruck täuscht über die grundsätzlichen Unterschiede hinweg, die im Sprachkontakt immer wieder zu Missverständnissen und vor allem auch zu Übersetzungsproblemen führen. Im Folgenden werden bestimmte Aspekte der Sprachverwandtschaft und Charakteristika der niederländischen Sprache näher betrachtet.

1.1 Niederländisch und Deutsch – zwei Sprachen einer Familie

Was ist eigentlich mit dieser bereits genannten Sprachverwandtschaft gemeint? Die vielen verschiedenen Sprachen der Welt wurden von Sprachwissenschaftlern in Sprachfamilien eingeteilt. Bei dieser Einteilung gehören die niederländische und die deutsche Sprache zur indoeuropäischen Sprachfamilie, die in weitere Sprachzweige unterteilt wird. Einer dieser Sprachzweige ist der germanische Zweig, der wiederum aus dem westgermanischen und dem nordgermanischen Zweig besteht. Die ostgermanische Sprachfamilie ist ausgestorben. Der westgermanische Zweig, zu dem Deutsch und Niederländisch gehören, war ursprünglich in drei Hauptgruppen unterteilt. Diese Unterteilung kann allerdings nicht 1-zu-1 auf die modernen Sprachen übertragen werden.

Niederländisch und Deutsch sind folglich eng verwandte Sprachen und genau aus diesem Grund weisen beide so viele Ähnlichkeiten auf und halten für Übersetzer dieses Sprachenpaars viele versteckte Stolpersteine bereit.

1.2 Eine Sprache – zwei Varietäten

Niederländisch wird nicht nur in den Niederlanden, sondern auch im nördlichen Teil Belgiens, in Suriname, auf Aruba, Bonaire, Curaçao und Sint-Maarten gesprochen. Weltweit gibt es ungefähr 24 Millionen Muttersprachler. Niederländer, Flamen, Surinamer und Antillianer verstehen einander perfekt und können am Sprachgebrauch erkennen, wo der jeweils andere herkommt. Die Unterschiede zwischen den Sprachvarietäten zeigen sich vor allem im Bereich der Aussprache, doch auch der Wortschatz unterscheidet sich Schätzungen zufolge in den Niederlanden und Flandern um mehrere tausend Wörter und Redewendungen voneinander. Außerdem ordnen Flamen und Niederländer die Wörter innerhalb des Satzes unterschiedlich an.[1]

Diese Situation einer plurizentrischen Sprache ist vergleichbar mit der deutschen Sprache, welche die österreichische, schweizerische und deutsche Varietät kennt. Die zwei Varietäten des Niederländischen, die in diesem Handbuch im Fokus stehen, werden mit den Bezeichnungen *Belgisch-Niederländisch* und *Niederländisch-Niederländisch* voneinander unterschieden.[2] Oft wird vom Flämischen und Holländischen gesprochen, wenn eigentlich das Belgisch-Niederländische und das Niederländisch-Niederländische gemeint sind. Diese beiden Begriffe können jedoch Verwirrung stiften und sollten vermieden werden, wenn es nicht um bestimmte Dialekte geht.

Das Niederländisch-Niederländisch und das Belgisch-Niederländisch werden heutzutage als gleichwertige Varietäten der niederländischen Sprache angesehen, doch das war nicht immer so. Das Niederländisch aus dem Norden wurde lange für die Norm gehalten, doch seit Kurzem wird die Gleichwertigkeit der Varietäten auch in Wörterbüchern widergespiegelt, wie beispielsweise im *Grote Van Dale* Wörterbuch seit 2015.[3]

Nachfolgend einige Beispiele zur Veranschaulichung der Unterschiede zwischen den beiden Varietäten:

---

1 Vgl. Gucht, Fieke van der; Johan de Caluwe; Mathilde Jansen & Nicoline van der Sijs. *Atlas van de Nederlandse taal. Editie Vlaanderen.* Tielt: Lannoo 2017, S. 167.

2 Vgl. Gucht et al. *Atlas van de Nederlandse taal.* S. 26–28.

3 Vgl. Gucht et al. *Atlas van de Nederlandse taal*, S. 166 f.

Gleiche Bedeutung – anders ausgedrückt

Belgisch-Niederländisch	Niederländisch-Niederländisch
al bij al	al met al
uit de biecht klappen	uit de school klappen
iets uit de brand slepen	iets uit het vuur slepen
confituur	jam
croque-monsieur	tosti
fluisterasfalt	zoab (zeer open asfaltbeton)
kinesist	fysiotherapeut
lintmeter	centimeter
luidop	hardop
van hetzelfde laken een broek	van hetzelfde laken een pak
mossel noch vis	vlees noch vis
dat is een ander paar mouwen	dat is andere koek
rotswol	steenwol
iemand stokken in de wielen steken	iemand een spaak (stok) in het wiel steken
tenenkrullend	tenenkrommend
uitschuiver	uitglijder
met verstomming geslagen	met stomheid geslagen
wijsheidstand	verstandskies
zo plat als een vijg	plat als een dubbeltje
vijgen na Pasen	mosterd na de maaltijd
denkpiste	denkrichting

Gleicher Ausdruck – andere Bedeutung

Ausdruck	Belgisch-Niederländisch	Niederländisch-Niederländisch
voortvarend te werk gaan	unbesonnen/unüberlegt	tatkräftig/energisch
met een sisser aflopen/op een sisser uitdraaien	negativ, enttäuschend	positiv, Erleichterung
lopen	gehen	rennen

1.3 Französische Wörter im Belgisch-Niederländischen

Einige französische Wörter gehören zum normalen Sprachgebrauch des Belgisch-Niederländischen. Übersetzt man Literatur von flämischen Autoren, sollte man sich dieser Tatsache bewusst sein. Bei dem Vergleich der deutschen und englischen Übersetzung von Hugo Claus' *Het verdriet van België* (1986) wurde festgestellt:

> Sowohl für die deutsche als auch für die englische Übersetzung stellt sich hier das Problem, genau zu erkennen, ob es sich bei den französischen Begriffen nun um ‚Prestige-Fremdwörter' handelt, oder aber um bereits vollkommen in die flämische Sprache aufgenommene Lehnwörter. Letztere müssen natürlich entsprechend mitübersetzt werden, erstere sollten einfach unübersetzt bleiben.[4]

"'En daarvoor word ik gerespecteerd als **commerçant** en als mens.'" (Claus, *Het verdriet van België*)	„‚Und deshalb werde ich respektiert, als **Geschäftsmann** und als Mensch.'" (W. Hüsmert)
"'Het is te hopen dat die twee een beetje overeenkomen op hun **voyage**,' zei de vrouw van de bakkerij." (Claus, *Het verdriet van België*)	„‚Na, hoffentlich vertragen sich die beiden auf ihrer **Reise** einigermaßen', sagte die Bäckersfrau." (W. Hüsmert)
"leven is hard **labeur**" (Peeters, *De ommelanden*)	leben ist harte **Arbeit**
"'Ah, wat zou ik willen dat er een van die Brusselse kiekefretters een **tricolore drapeau** uitstak, ge zoudt wat zien, onze mannen zullen niet in toom te houden zijn.'" (Claus, *Het verdriet van België*)	„‚Ha, heute soll mal einer von diesen Brüsseler Hühnerfressern die **belgische Trikolore** aushängen, was meinst du, was dann los ist.'" (W. Hüsmert)

4 Rogge, Christian. „‚Zur Strafe eine flämische Geschichte' oder ‚a real good Flemish story'? Ein kritischer Vergleich der deutschen und englischen Übersetzung von Hugo Claus' *Het verdriet van België*." *nachbarsprache niederländisch* 8 (1993) 1, S. 2 f.

2. Lexikalische Unterschiede

2.1 Substantive

2.1.1 Diminutive

Überträgt man alle niederländischen Diminutive einfach ins Deutsche, können beim Leser andere Bedeutungsebenen hervorgerufen werden als im Originaltext vorgesehen. Diminutive werden in der deutschen Standardsprache ausschließlich mit Substantiven gebildet. Durch die Endungen *-chen* oder *-lein* wird das Bezeichnete semantisch reduziert, d. h. es wird verkleinert, verringert, oder metaphorisch verniedlicht.[1] Im Niederländischen werden nicht nur Substantive, sondern auch Adjektive und Adverbien diminuiert; generell werden in dieser Sprache deutlich häufiger Diminutive gebildet als im Deutschen. Weil der Diminutiv-Gebrauch ein fester Bestandteil der niederländischen Alltagssprache ist, haben Diminutive dort meist an Expressivität eingebüßt, während sie im Deutschen stärker emotional gefärbt sind. Es gibt mehrere Möglichkeiten, wie man Diminutive übersetzen kann:

(1) In all jenen Fällen, bei denen die Diminuierung im Niederländischen nicht auf Kleinheit, Expressivität etc. abzielt, kann man sie im Deutschen eliminieren:

"Ik vond Japie nogal stom maar hij was mijn enige **vriendje**." (Driessen, *Mijn eerste moord*)	Eigentlich fand ich Japie ziemlich blöd, aber er war mein einziger **Freund**.
"Boorman is een stevig oud **heertje**, met een groot hoofd en een strakke blik" (Elsschot, *Kaas*)	„Boorman ist ein rüstiger alter **Herr** mit einem großen Kopf und festem Blick" (A. Kalmann-Matter & G. Busse)

1 Vgl. Stuyckens, Geert. „Der gelegentliche Gebrauch des Suffixes *-chen* zur Diminuierung von Adjektiven und Adverbien im deutschen Online-Sprachgebrauch aus niederländischer Sicht." *Leuvense Bijdragen* 99–100 (2016), S. 48.

(2) Man kann dem Substantiv ein Adjektiv voranstellen:

"Het **boerderijtje** [...] stond te druipen van de regen" (Hermans, *Onder professoren*)	„Das **kleine Bauernhaus** [...] troff vom Regen" (H. van Beuningen & B. Heller)

(3) Manchmal ist es möglich, eine Verkleinerung durch ein anderes Substantiv zu ersetzen, das diese bereits beinhaltet:

Op het smalle **grasweggetje**	Auf dem schmalen **Graspfad**

2.1.2 Komposita

Niederländische Genitivkonstruktionen mit *van* können im Deutschen in Komposita umgewandelt werden. Nominalkomposita kommen in der deutschen Sprache, und vor allem auch in der deutschen Literatur, weitaus häufiger vor, als im Niederländischen und sollten deshalb auch in deutschen Übersetzungen Verwendung finden, da sie zum natürlichen Klang eines deutschsprachigen Textes beitragen. Übersetzer sollten sich nicht zu sehr von dem Ausgangstext leiten lassen, sondern die Charakteristika der deutschen Sprache bewusst im Zieltext einbauen.[2]

"Ze pakt de **snippers van de brief**" (Vielen, *Doe de groeten aan de ganzen*)	„Sie sammelt die **Briefschnipsel** auf" (L. Mensing)
"Beloften van kleren die aan de **kant van de rivier** worden achtergelaten." (Theunynck, *Spectaculair*)	Versprechen von Kleidern, die am **Flussufer** zurückgelassen werden.

Trotzdem kann hin und wieder auch der umgekehrte Fall auftreten: Im Ausgangstext findet sich ein Kompositum, das wörtlich übersetzt

2 Vgl. Weber, Anne Katrin Elisabeth. *Von Bonsaihund, Runzelmaulwurf und Monchichi-Bärchen. Eine Studie zu Ad-hoc-Nominalkomposita des Deutschen in der Translation anhand deutscher, französischer und italienischer Ausgangs- und Zieltexte.* Saarbrücken: Universaar 2016.

in der Zielsprache sehr ungebräuchlich klingt und deshalb umformuliert werden sollte:

"Didier van Ranst weet waarom dat soort bomen met stalen kettingen aan **villagevels** wordt vastgemaakt." (Verbeke, *Veronderstellingen*)	„Didier van Ranst weiß, warum derartige Bäume mit Eisenketten an den **Fassaden von Villen** befestigt werden." (Übersetzungsworkshop INP[3] 2016)

2.1.3 Singularetantum und Pluraletantum

Ik heb meer informatie nodig! Wird dieser Satz wörtlich übersetzt, so ist das Ergebnis ein ungebräuchlicher Satz. Die Erklärung dafür liegt im Numerus des Substantivs, denn im Niederländischen werden einige Substantive wie Singularwörter verwendet, die im Deutschen nicht den Status des Singularworts innehaben. Bei diesem Phänomen spricht man von einem Singularetantum (einem Substantiv, das ausschließlich im Singular verwendet wird). Das sind beispielsweise Worte wie *Schnee, Obst, Lärm* und *Dunkelheit*. Diese Wörter sollten beim Übersetzen folglich an den deutschen Sprachgebrauch angepasst werden.

Ik heb meer **informatie** nodig.	Ich brauche weitere **Informationen**.
Dat **is** goed **nieuws**.	Das **sind** gute **Neuigkeiten**.

Das Gegenteil vom Singularetantum ist das Pluraletantum (ein Substantiv, das ausschließlich im Plural verwendet wird). Im Niederländischen gibt es Pluralwörter, die im Deutschen auch als Singularwörter verwendet werden können/müssen.

3 Institut für Niederländische Philologie, Westfälische Wilhelms-Universität Münster.

hersenen / hersens	Gehirn / Gehirne
troebelen	Unruhe / Unruhen
de Wadden	das Watt
notulen	Protokoll / Protokolle

2.1.4 Genderrepräsentation

Die Genderrepräsentationen im niederländischen und deutschen Sprachraum unterscheiden sich stark. Während in der deutschen Sprache männliche Berufsbezeichnungen fast immer ein weibliches Pendant haben, das in der Regel mit dem Suffix *-in* gebildet werden kann, fehlt das Pendant im Niederländischen manchmal. Für das Wort *Doktor* gibt es im Deutschen die weibliche Form *Doktorin*, im Niederländischen fehlt sie. Darüber hinaus können zweigeschlechtige Substantive im Deutschen anhand des Artikels als weiblich oder männlich identifiziert werden (z. B. *der/die Blinde*), was im Niederländischen aufgrund des anderen Artikelsystems nicht möglich ist (*de blinde*). Außerdem verläuft die Entwicklung in Bezug auf das aktive Gendern in der niederländischen und flämischen Gesellschaft konträr zum Gendern in der deutschen Gesellschaft. Während im Deutschen seit einigen Jahren verstärkt darauf geachtet wird, aktiv zu gendern, wird im Niederländischen immer weniger gegendert und stattdessen ausschließlich die männliche Form gewählt. So kommt es beim Übersetzen vor, dass erst nach mehreren Seiten und dem ersten Gebrauch eines Pronomens festgestellt werden kann, dass die Protagonistin eine Lehrerin und kein Lehrer ist. [4]

---

4 Weiterführende Literatur: Gerritsen, Marinel. "Towards a more gender-fair usage in Netherlands Dutch." M. Hellinger & H. Bußmann (Hrsg.). *Gender across languages. The linguistic representation of women and men* (Bd. 2, S. 81–108). Amsterdam: John Benjamins 2002; Mortelmans, Tanja. "Zij is een powerfeministe. Nog eens functie-en rolbenamingen in het Nederlands vanuit contrastief perspectief." *Tijdschrift voor genderstudies* 11 (2008) 1, S. 7–19.

2.1.5 Wörter ohne Entsprechung

2.1.5.1 Anrede: *mijnheer/mevrouw*

Für bestimmte Wörter oder Ausdrücke gibt es keine deutsche Entsprechung. Dies trifft zum Beispiel auf die Anrede *mijnheer/meneer/mevrouw* zu. Lässt eine Frau ihren Schal im Zug liegen, und man möchte sie schnell darauf aufmerksam machen, kann man sagen: *Mevrouw, u bent uw sjaal vergeten!* Dies kann nicht wörtlich übersetzt werden. Im Deutschen verwendet man in solchen Fällen meist eine Entschuldigungsfloskel zur Einleitung des Satzes: *Entschuldigen Sie, Sie haben Ihren Schal vergessen!* Ist der Name der Person bekannt, so verwenden viele Übersetzer mittlerweile in der Zielsprache die niederländische Anredeform: *Guten Tag, Mevrouw Hermans.* Hierdurch kann ein gewisses Lokalkolorit vermittelt werden. Diese Übersetzungsstrategie wird für andere Sprachen wie das Englische und das Französische schon länger verfolgt, sodass sich *Sir/Madam* und *Monsieur/Madame* im deutschen Sprachraum bereits etabliert haben. Sie ist jedoch nur dann sinnvoll, wenn das Setting passt. Spielt der Roman in Amsterdam, so ist es möglich *Mijnheer/Mevrouw* in der Übersetzung zu verwenden. Hat der Roman jedoch keinen Niederlande-/Belgienbezug, ist es womöglich nicht zweckmäßig, die niederländische Anredeform zu verwenden.

2.1.5.2 Anrede im Berufsleben

Ein niederländischer Kommissar kann mit *Agent Bakker* angesprochen werden. Auch diese Anredeform kann nicht einfach übernommen werden, stattdessen ist es im Deutschen üblich, *Herr Kommissar* oder *Herr Bakker* zu sagen. Dies trifft auf eine Reihe von Berufen zu.

2.1.5.3 Dafür gibt es doch ein Wort?!

Es gibt viele Wörter, Begriffe und Syntagmen, die aus dem Deutschen wörtlich ins Niederländische übersetzt werden können, aber dennoch keine korrekte Übersetzung darstellen. Als Übersetzer sollte man sich ständig die Frage stellen: Sagt man das auch im Deutschen? Oder anders formuliert: Ist das idiomatisch korrekt? So sollte *broers en zussen* meist nicht mit *Brüder und Schwestern* sondern mit *Geschwister* übersetzt werden.

2.1.6 Falsche Freunde

Ein falscher Freund ist ein „in mehreren Sprachen in gleicher oder ähnlicher Form vorkommendes Wort, das jedoch von Sprache zu Sprache verschiedene Bedeutungen hat (was häufig Anlass zu falschem Gebrauch und zu Übersetzungsfehlern ist)".[5] Vor allem, wenn zwei Sprachen so eng miteinander verwandt sind wie das Niederländische und das Deutsche, sollte man sich der Gefahr, einem falschen Freund aufzusitzen, ständig bewusst sein.[6]

Einige Beispiele zur Veranschaulichung des Problems:

als (Konjunktion)	~~als~~ wenn
bureau	~~Büro~~ Schreibtisch
doos	~~Dose~~ Schachtel/Kiste
enkel	~~Enkel~~ Fußknöchel
kroeg	~~Krug~~ Kneipe
mist	~~Mist~~ Nebel
bekwaam	~~bequem~~ fähig

5 Duden. https://www.duden.de

6 Weiterführende Literatur: Eickmans, Heinz. „Auf der Suche nach den ‚wahren Freunden'. Zur besonderen Problematik der lexikalischen Kontrastanalyse bei nahverwandten Sprachen." H. Eickmans et al. (Hrsg.). *Niederländischunterricht an deutschen Schulen und Volkshochschulen. Beiträge des Münsteraner Kolloquiums vom 3./4. März 1988*. Münster: 1989, S. 38–48.

2.1.7 Schimpfen und Fluchen

Auch verfügen deutsche und niederländische Muttersprachler über eine unterschiedliche Fluch- und Schimpfkultur. Während im (nördlichen) Niederländisch hierfür vor allem Begriffe aus dem sexuellen Bereich sowie Krankheitsbezeichnungen verwendet werden, sind im Deutschen hauptsächlich Wörter aus dem skatologischen Bereich (anal-exkrementell) und religiöse Flüche produktiv. Zwar wird in Belgien häufig *godverdomme* verwendet, doch insgesamt ist der religiöse Bereich im Niederländischen tabuisierter, während im Deutschen bis auf wenige Ausnahmen (*Schlappschwanz*, *Wichser*, *Hure*, *Schlampe* etc.) keine sexuellen Schimpfwörter verwendet werden. So sollte *kankerhoer* keinesfalls mit *Krebshure*, sondern eher mit *scheiß Nutte* übersetzt werden.[7]

Die folgende Tabelle zeigt einige grundsätzliche Unterschiede im Fluchwortschatz auf:[8]

Vulgär-expressiver Ausruf über einen Sachverhalt	Kut! Kloten! Bef! Tiet! Sodemieter(s)!	Scheiße! Scheißdreck! Mist! Kacke!
Beschimpfung einer Person	Eikel! Lul! Beffer! Kloot! Klootzak! Trut!	Arsch(loch)! Scheißkerl, Dreckskerl, Schnepfe
Morph. gebunden (+Nomen)	kloten-X, kut-X, kanker-X	Scheiß-X, Mist-X, Drecks-X
Aufforderung zu gehen	opsodemieteren, opflikkeren	sich verpissen

7 Weiterführende Literatur: Gauger, Hans-Martin. *Das Feuchte und das Schmutzige. Kleine Linguistik der vulgären Sprache.* München: C.H. Beck 2012.

8 Vgl. Nübling, Damaris & Marianne Vogel. „Fluchen und Schimpfen kontrastiv. Zur sexuellen, krankheitsbasierten, skatologischen und religiösen Fluch- und Schimpfwortprototypik im Niederländischen, Deutschen und Schwedischen." *Germanistische Mitteilungen* 59 (2004), S. 19–33.

2.1.8 Zeitangaben

Die niederländische Präposition *uit* + *Jahreszahl* kann meist nicht einfach mit *aus* übersetzt werden. Genauso wenig kann die Präposition *in* + *Jahreszahl* im Deutschen unverändert übernommen werden.

In een brief uit 1888 schreef Van Gogh …	~~In einem Brief aus 1888 schrieb van Gogh …~~
	In einem Brief von 1888/aus dem Jahr(e) 1888 schrieb van Gogh …
In 1899 is hij gestorven.	~~Er starb in 1899.~~
	Er starb im Jahr(e) 1899.
	Er starb 1899.

Ein weiteres Problem beim Übersetzen stellen auch die Tageszeiten dar. Die Tageszeit *middag* kann im Deutschen sowohl mit *Mittag* als auch mit *Nachmittag* übersetzt werden. Das gleiche gilt für *avond*, der im Deutschen nicht nur mit *Abend*, sondern auch mit *Nacht* übersetzt werden kann. Hier muss der Übersetzer mithilfe des Kontexts entscheiden, welche Möglichkeit die richtige ist. Die niederländische Einteilung und die deutschen Entsprechungen sehen wie folgt aus:

's morgens / 's ochtends	Morgen, Vormittag (bis 12 Uhr)
's middags / B-NL: 's namiddags	Mittag, Nachmittag (12 bis ca. 18 Uhr)
's avonds	Abend (18 Uhr–?)
's nachts	Nacht, früher Morgen

Auch wenn mehrere Einheiten der Zeitangaben *uur* und *jaar* gemeint sind, wird im Niederländischen oft der Singular verwendet, da die Auskunft über die Menge der Einheiten bereits in der Zahl selbst steckt, und nicht mehr durch den Numerus der Zeitangabe angegeben werden muss. Im Deutschen muss der Numerus von den Zeitangaben *Stunde* und *Jahr* jedoch an die Zahl angepasst werden.

Deze week moest ik 60 **uur** werken.	In dieser Woche musste ich 60 **Stunden** arbeiten.
"Denkend aan mijn dertien **jaar** met Rosa" (Jongstra, *Worst*)	Zurückdenkend an meine dreizehn **Jahre** mit Rosa

2.2 Pronomen

2.2.1 Possessivpronomen

Possessivpronomen müssen im Deutschen manchmal durch bestimmte Artikel ersetzt werden, damit der Text idiomatisch ist. Das trifft vor allem dann zu, wenn sie Körperteilen, Gebrauchsgegenständen und Ähnlichem zugeordnet werden, die sich auf eine bestimmte Person im Satz beziehen.[9]

Hij krabde aan **zijn** neus.	Er kratzte **sich an der** Nase.
Ik poets **mijn** tanden.	Ich putze **mir die** Zähne.
"Hij liep naar het bankje waarop zijn handdoek lag, sloeg de doek over **zijn** hoofd." (Ten Napel, *Het leven zelf*)	Er ging zu der Bank, auf der sein Handtuch lag, warf es **sich** über **den** Kopf.
Iemand **zijn** vriendin afsnoepen	Jemandem **die** Freundin ausspannen
"In **haar** linkerhand hield ze de groeiende knot wol." (Mulisch, *De aanslag*)	„In **der** linken Hand hielt sie ein größer werdendes Wollknäuel." (A. Habers)

9 Vgl. Schreiber, Michael. „Stilistische Probleme der niederländisch-deutschen Übersetzung." *Linguistica Antverpiensia* XXVI (1992), S. 109.

2.2.2 Demonstrativpronomen

2.2.2.1 Demonstrativpronomen werden zu Personalpronomen

Im Niederländischen verweisen Demonstrativpronomen oft auf Dinge, die bereits genannt wurden. Im Deutschen verwendet man hierfür häufiger Personalpronomen. Wenn *dit* und *dat* auf Dinge verweisen, die zuvor noch nicht genannt wurden, können sie im Deutschen mit *das hier* übersetzt werden, da die eigentlichen Entsprechungen *dies* und *dieses* ggf. nicht mehr zum Register des Textes passen.

Zie je die deur? Doe **die** maar open.	Siehst du die Tür? Mach **sie** mal auf. / Öffne **sie** mal.
Deze roman is moeilijk te begrijpen. Misschien moet ik **die** nog een keer lezen.	Dieser Roman ist kompliziert, vielleicht muss ich **ihn** nochmal lesen.
Dit is mijn moeder.	**Das hier** ist meine Mutter.

2.2.2.2 Demonstrativpronomen werden zu bestimmten Artikeln

Niederländische Demonstrativpronomen können im Deutschen in vielen Fällen besser mit einem bestimmten Artikel übersetzt werden.

Wat moet ik met **die** stoel? Zet **die** maar aan de kant.	Was soll ich mit **dem** Stuhl? Stell **den** mal zur Seite.

2.2.3 Indefinitpronomen: *men*, *je* und *man*

Trifft man im Niederländischen auf das Personalpronomen *je*, muss man sich immer wieder bewusst machen, ob es deiktisch (hinweisend) oder als Indefinitum verwendet wird. Genauso wie das deutsche Indefinitum *man*, das sich auf eine oder mehrere nicht näher bestimmte Personen bezieht, wird auch *je* häufig nicht-deiktisch verwendet. Zwar gibt es auch das niederländische Indefinitum *men*, doch dieses Personalpronomen findet hauptsächlich im formalen Sprachgebrauch Verwendung. Das deutsche *man* unterliegt dieser Einschränkung nicht.

"Zus, stel nou dat hij bang is dat hij verdwaalt omdat hij nog heel erg jong is en de weg niet zo goed weet, hoe weet **je** dan hoe **je** in het land van gisteren komen moet, vraagt hij."
(Vielen, *Doe de groeten aan de ganzen*)

„Schwester, angenommen, er hat Angst, dass er sich verirrt, weil er noch sehr jung ist und den Weg noch nicht so gut kennt, woher weiß **man** dann, wie **man** ins Land von Gestern kommt, fragt er."
(L. Mensing)

"Hij zegt dat hij zich toch zorgen maakt, dat hij daar niks aan kan doen en dat hij het daarom graag weten wil
waar **je** heen gaat als **je** sterft."
(Vielen, *Doe de groeten aan de ganzen*)

„Er sagt, dass er sich trotzdem Sorgen macht, er kann nichts dagegen machen und er möchte deshalb gerne wissen,
wohin **man** geht, wenn **man** stirbt."
(L. Mensing)

2.2.4 Anredepronomen *jij, u* und *ge/gij*

Die niederländischen Personalpronomen *je/jij* und *u* können nicht immer eins zu eins mit den deutschen Entsprechungen *du* oder der Höflichkeitsform *Sie* übersetzt werden, da sie in beiden Sprachen unterschiedlich verwendet werden. Während *du* im Deutschen die informelle und *Sie* die formelle Anredeform ist, kann diese Trennung nicht eindeutig auf das Niederländische übertragen werden: "Het is niet mogelijk het gebruik van de JE- en U-vormen volledig te beschrijven, daarvoor bestaan er in het Nederlandse taalgebied teveel streekgebonden, maar vooral maatschappelijke en persoonlijke verschillen. Bovendien is dit gebruik aan een voortdurende evolutie onderhevig."[10] Trotzdem werden Gebrauchstendenzen beschrieben: Grundsätzlich kann auch von der informellen und der formellen Unterscheidung gesprochen werden. Die Grenze zwischen informell und formell verläuft jedoch anders als im Deutschen, so werden Kollegen und Unbekannte auf der Straße nur selten mit der Höflichkeitsform angesprochen, während die formelle Form im Deutschen gerade gegenüber Unbekannten gebräuchlich ist. Gleichzeitig

10 ANS-E = Die digitale Version der zweiten, überarbeiteten Ausgabe der Algemene Nederlandse Spraakkunst: http://ans.ruhosting.nl/e-ans/05/02/04/02/body.html

wird die Höflichkeitsform in manchen niederländischen Familien verwendet: Großeltern oder ältere Leute werden in den Niederlanden manchmal immer noch mit *u* angesprochen, während sie im Deutschen und Belgisch-Niederländischen überwiegend mit *du/je* angesprochen werden. Neben *je* und *u* gibt es auch noch *ge/gij* – diese Form kommt vor allem in den südlichen Niederlanden und Belgien vor. Für Verwirrung kann die Tatsache sorgen, dass die Objekt- und Possessivformen von *gij u* und *uw* sind. Hiermit werden keine formellen Verhältnisse ausgedrückt. Daneben gibt es auch noch die *Gij*-Form im religiösen Kontext, wie zum Beispiel als Anredeform für Gott in Psalmen: "*Gij* die Uw majesteit toont aan de hemel, *Gij* opent de mond van weerloze kinderen."[11]

"JORIS: Gebruikt **gij** nu een metafoor?
JAN: Wat?
JORIS: Wel ja, die auto met mankementen als metafoor voor **u** en **uw** ziekte.
JAN: Wel ja, dit is theater he Joris. Theater zit vol met metaforen.
JORIS: Ok. Ik heb er ook nog een. Op een dag zeg ik tegen Jan. We zijn met drie nu. Ik, **gij** en **uw** ziekte."
(Van den Brande, *Geef mijn hand terug*)

JORIS: Verwendest **du** jetzt eine Metapher?
JAN: Was?
JORIS: Na ja, das Auto mit den Mängeln als Metapher für **dich** und **deine** Krankheit.
JAN: Na ja, das hier ist ein Theaterstück Joris. In Theaterstücken wimmelt es nur so von Metaphern.
JORIS: Okay. Dann habe ich auch noch eine. Eines Tages sage ich zu Jan: Wir sind jetzt zu dritt. Ich, **du** und **deine** Krankheit.

2.2.5 Pronomen *es/das* als Pseudoaktant

Um einen Satz im Deutschen idiomatischer klingen zu lassen oder überhaupt einen korrekten Satz bilden zu können, muss manchmal *es* oder *das* als Objekt eingefügt werden. *Es* und *das* fungieren in diesen Fällen als Pseudoaktant. In dem Satz *We hebben te maken met een alien* erfordert das nicht-transitive Verb *tun* den Pseudoaktanten *es*

11 Weiterführende Literatur: Kremer, L. „Duzen und Siezen. Zur Verwendung der Anredepronomina im Deutschen und im Niederländischen." *Germanistische Mitteilungen 52* (2000), S. 13–31.

im Akkusativ: *Wir haben es hier mit einem Alien zu tun.* Übersetzt man den Satz *Je zult me niet geloven*, muss man in der Übersetzung *das* oder *es* als Objekt einfügen, um vorab auf die auf den Satz folgenden Informationen zu verweisen: *Das wirst du mir nicht glauben.*

2.3 Relationale Adjektive

> Relationale Adjektive drücken eine Beziehung oder Zugehörigkeit aus. Man findet sie vor allem in den folgenden Themenfeldern: Geografie, Sprache, Religion, Epoche, Beruf, Bereich, Stoff, räumliche Lagen. (Wermke 2006: 346f.)

Relationale Adjektive müssen im Deutschen oftmals aufgelöst werden, hierfür gibt es verschiedene Lösungsansätze: Die Adjektive können mit dem Substantiv ein Substantivkompositum bilden oder mithilfe einer Präpositionalphrase (*durch die Japaner*) eine adjektivische Agensangabe (*Japanse*) umschreiben (s. unterstes Beispiel).[12] Zu den relationalen Adjektiven im Niederländischen gehören besonders häufig Materialangaben, so sollte aus einer *metalen stang* keine *metallene Stange*, sondern eine *Metallstange* oder in seltenen Fällen eine *Stange aus Metall* werden.

een buitenlandse reis	eine Auslandsreise
een glazen huis	ein Glashaus
een gouden munt	eine Goldmünze
buitenlandse politiek	Außenpolitik
grote stad	(häufig) Großstadt
groot offensief	Großoffensive
"filmopnamen van het verschrikkelijke Japanse bombardement op Kanton" (Mulisch, *De aanslag*)	„Filmaufnahmen von der furchtbaren Bombardierung Kantons durch die Japaner" (A. Habers)

12 Vgl. Schreiber. „Stilistische Probleme", S. 109.

2.4 Verben

2.4.1 Tempus

2.4.1.1 Präteritum und Perfekt

Prinzipiell werden das Präteritum sowie das Perfekt im Niederländischen und im Deutschen sehr ähnlich verwendet. Das Präsensperfekt (*er hat gesagt, dass* ...) wird jedoch typischerweise in der gesprochenen Sprache des Deutschen benutzt, während dort im Niederländischen das Präteritum verwendet wird (*hij zei dat* ...). Diese Tendenzen kann man innerhalb der Literatur in der Redewiedergabe und in Gedankenströmen erkennen. Bei einer Übersetzung geht es nicht nur um das Beibehalten der Zeitenfolge, sondern auch um die stilistische Qualität. Die Konstruktion des Präsensperfekts mit dem Hilfsverb kann auf die Dauer ermüdend und umständlich wirken. Dies kann durch den Übergang vom Präteritum zum Perfekt vermieden werden.[13]

"Ik **heb** alles van Bobby **bewaard** zijn halsband, zijn dekentje het bakje waaruit hij **at** op deze tak **heeft** hij **gekauwd** en met dit speeltje **speelde** hij heel vaak en achter deze bal **rende** hij het liefst" (Vielen, *Doe de groeten aan de ganzen*)	„Ich **habe** alles von Bobby **aufbewahrt** sein Halsband, seine Decke den Napf, aus dem er **gefressen hat** auf diesem Stock **hat** er **herumgekaut** und mit diesem Spielzeug **hat** er oft **gespielt** und am liebsten **ist** er dem Ball hier **hinterhergerannt**" (L. Mensing)

13 Weiterführende Literatur: Cate, Abraham P. ten. „Präsentische und präteritale Tempora im deutsch-niederländischen Sprachvergleich." W. Abraham & T. Janssen. *Tempus. Aspekt. Modus.* Tübingen: Max Niemeyer Verlag 1989, S. 133–154; Weinrich, Harald. *Tempus. Besprochene und erzählte Welt.* München: Beck 2001.

"Ik zag hoe je met zorgvuldige toewijding elke nectarine **betastte**. Daarna **legde** je doelgericht champignons, courgettes, venkel en spinazie in je mandje. Ik **volgde** je naar de broodafdeling. Daar **raakte** je bijna je hand **kwijt** in de snijmachine."
(Theunynck, *Spectaculair*)

Ich sah dir dabei zu, wie du mit unendlicher Hingabe jede Nektarine **betastet hast**. Dann **hast** du gezielt Champignons, Zucchini, Fenchel und Spinat in deinen Korb **gelegt**. Ich **folgte** dir zur Backwarenabteilung. Dort **hättest** du in der Brotschneidemaschine beinahe deine Hand **verloren**.

Ik **was** hier nog niet eerder.

Hier **bin** ich noch nicht **gewesen**.

Exkurs: Funktionsbereiche Präteritum und Perfekt

„Die Funktionsbereiche des Präsensperfekts und des Präteritums überschneiden sich insofern, als der Sprecher sich mit beiden Tempora auf Vergangenes beziehen kann. Das Präteritum unterscheidet sich jedoch durch seine stärkere Kontextgebundenheit grundsätzlich vom Präsensperfekt. Wird das Geschehen – wie es beim Präteritum üblich ist – durch eine Zeitangabe oder andere kontextuelle Mittel unabhängig vom Tempus in der Vergangenheit situiert, so sind die beiden Vergangenheitstempora oft gegeneinander austauschbar, ohne dass der Hörer (oder Leser) einen großen Informationsunterschied bemerkt. Wird das Geschehen jedoch beim Präsensperfekt ausschließlich durch seine Vorzeitigkeit zum Sprechzeitpunkt bestimmt, so ist der Ersatz durch das Präteritum nicht angemessen. Das gilt auch, wenn der Kontext das Geschehen oder dessen Folgen als relevant im Sprechzeitpunkt ausweist. In der geschriebenen Sprache dient das Präteritum als Grundtempus des chronologischen Erzählens […]. In der gesprochenen Alltagssprache wird das Präteritum als Vergangenheitstempus weitgehend durch das Präsensperfekt ersetzt." (Wermke 2006: 519f.).

2.4.1.2 Präteritum und Plusquamperfekt

Die Grenze zwischen Präteritum und Plusquamperfekt wird im Niederländischen weniger streng gezogen als im Deutschen. Oft können deshalb beide Tempora verwendet werden.[14] Somit ist es manchmal möglich und auch nötig, das Tempus im Zieltext anzupassen oder gar zu korrigieren.

"Het was de maandag dat Amour was gestruikeld. Of geslagen. Of een ander soort ongeluk **had gehad.**" (Dam, *Duizend vaders*)	„An diesem Montag war Amour gestolpert. Oder wurde verprügelt. Oder **hatte** irgendeinen anderen Unfall." (B. Bach & C. Kuby)
"Klara die hem voordien voor geen haar **vertrouwde**, gaf zich aan hem over." (Theunynck, *Spectaculair*)	Klara, die ihm davor kein bisschen **vertraut hatte**, gab sich ihm voll und ganz hin.

2.4.2 Indirekte Rede

> Wenn der Konjunktiv I in einem langen Absatz verwendet werden müsste, aber den Lesefluss behindern würde, ist es möglich, den Absatz mit dem Konjunktiv einzuleiten und so den Modus zu markieren. Danach kann man mit dem Indikativ fortfahren.

Übersetzt man die indirekte Rede aus dem Niederländischen ins Deutsche, so sollte man ein zu häufiges Vorkommen von *dass* vermeiden. Im Deutschen ist es möglich, Variationen zu verwenden und aus dem ergänzenden Nebensatz, der durch *dass* eingeleitet wird, einen Hauptsatz im Konjunktiv zu machen. Im Niederländischen werden Konjunktivformen nur noch äußerst selten verwendet. Lediglich in feststehenden Ausdrücken und Redewendungen ist der Konjunktiv weiterhin zu finden (z. B. *God zij met ons*; *Leve de koning*). Folglich ist die indirekte Rede im Niederländischen in der Regel nicht durch den Konjunktiv markiert, sondern wird „mit den Formen des Indikativs gebildet und mit *dat* (dass) oder *of* (ob) eingeleitet. Im Gegensatz zum

---

14 Vgl. Schreiber. „Stilistische Probleme". S. 111.

Deutschen darf die Konjunktion *dat* nie fehlen."[15] Im Deutschen ist der Normalmodus der indirekten Rede der Konjunktiv. Wie bei der direkten Rede gibt es auch bei der indirekten Rede eine Inquit-Formel, auf die die Äußerung im Konjunktiv folgt: *Er sagt, er habe gestern Abend noch lange gelesen.*

Konjunktiv II: Neben dem Konjunktiv I werden für die indirekte Rede auch der Konjunktiv II und die *würde*-Form verwendet. Letztere wird vor allem dann benutzt, wenn der Konjunktiv zu ungebräuchlichen oder nicht eindeutigen Verbformen führen würde (*Er sagt, er pendle lieber, als umzuziehen* → *Er sagt, er würde lieber pendeln, als umzuziehen*). Die Konjunktiv-II-Formen hingegen gelten meist als zu gehoben und werden seltener verwendet. (Hoberg & Hoberg 2009: 134 ff.)

"Ik wilde haar zeggen dat het voor het eerst in mijn leven was dat ik zoveel van iemand hield dat ik niet eens was vreemdgegaan." (Pfeijffer, *Grand Hotel Europa*)	„Ich wollte ihr sagen, dass mich zum ersten Mal in meinem Leben die Liebe zu einem anderen Menschen davon abgehalten habe, fremdzugehen." (I. Wilhelm)
"Hij zei dat hij al weken niet naar colleges ging, geen opdrachten inleverde, dat hij Mats niet sprak en Guus nu amper; dat hij niet wist wat hij moest, wat de bedoeling was; waarom hij zat waar hij zat en iedereen maar weg leek te vallen, te kantelen, weg van hem. Ze bleef heel lang stil, en toen vertelde ze over haar moeite – haar moeite mensen te helpen, hun problemen niet te onderschatten. Ze zei dat ze telkens terugdacht aan hun gesprek over studeren, dat ze het toen bewonderde dat hij met een probleem leek te durven zitten tot hij een oplossing had. Amos zei dat er nu maar geen	Er sagte, er habe schon seit Wochen keine Seminare mehr besucht, keine Hausarbeiten abgegeben, Mats habe er überhaupt nicht mehr gesprochen und Guus nur noch selten; er wisse nicht, was er tun solle, was der Sinn sei; warum er sei, wo er sei, und alle zu verschwinden schienen, sich zu entfernen, weg von ihm. Sie schwieg lange, und dann erzählte sie ihm, wie schwer es ihr falle, wie schwer es sei, anderen zu helfen, die Probleme anderer nicht zu unterschätzen. Sie müsse immer wieder an ihr Gespräch über das Studieren denken, sie habe ihn damals dafür bewundert, dass er sich offenbar

15 Gabriel-Kamminga, Mirjam & Johanna Roodzant. *Grammatik kurz & bündig. Niederländisch*. Stuttgart: Pons 2010, S. 64.

oplossing kwam, dat het steeds even goed leek te gaan en dan weer niet, alles weer inzakte."
(Ten Napel, *Het leven zelf*)

traute, ein Problem so lange zu wälzen, bis er eine Lösung fand. Amos sagte, dass diesmal keine Lösung in Sicht sei, dass es immer kurz gut zu gehen schien und dann wieder nicht, alles wieder einstürzte.

2.4.3 Passiv

2.4.3.1 Passiv im Perfekt

Im Niederländischen ist das Passiv in der Perfektform ambivalent, denn die Perfektform (voltooid tegenwoordige tijd) kann sowohl das Abgeschlossen-Sein eines Vorgangs als auch einen gegenwärtigen Zustand ausdrücken. Im Gegensatz zum Niederländischen kennt die deutsche Sprache zwei verschiedene Passivkonstruktionen, das Vorgangspassiv, das mit den Hilfsverben *werden*, *bekommen* (*kriegen*, *erhalten*) gebildet wird, und das Zustandspassiv, das mit dem Hilfsverb *sein* gebildet wird. Also muss man sich beim Übersetzen die folgende Frage stellen: Handelt es sich um einen Vorgang in der Vergangenheit oder um einen Zustand in der Gegenwart? Im ersten Fall muss im Deutschen die Vorgangspassiv-Form mit *werden* gewählt werden (1); liegt ein Zustand in der Gegenwart vor, so muss im Deutschen die Zustandspassiv-Form gewählt werden (2) (Partizip II des Vollverbs plus Form von *sein*).[16]

Vandaag is de nieuwe regering beedigd.

(1) Heute ist die neue Regierung vereidigt worden.

(2) Seit heute Morgen ist die neue Regierung vereidigt.

16 Vgl. Lange, Klaus-Peter. *Fehlergrammatik Niederländisch – Deutsch. Met een verklarende terminologielijst van Xandra Driessen-Schut.* Bussum: Coutinho 1993, S. 129f.

2.4.3.2 Passiv wird zu Aktiv

Im Niederländischen stehen viele Sätze im Passiv, die im Deutschen ins Aktiv gesetzt werden können. Unter Umständen kann dabei das Pronomen *man* helfen, das im Deutschen anders als im Niederländischen weniger formell ist.

> Dies ist keine Einbahnstraße! Die Veränderung von Aktiv zu Passiv und umgekehrt ist immer wieder nötig.

"Ik wil er meteen bij gezegd hebben dat hij geen telefoon heeft, dus niet kan worden afgebeld." (Verbeke, *Veronderstellingen*)	„Aber ich möchte direkt anmerken, dass er kein Telefon hat und man ihn deswegen nicht anrufen kann." (Übersetzungsworkshop INP 2016)
Er wordt gezegd dat ...	Man sagt, dass ...

2.4.4 Valenz

2.4.4.1 Reflexive Verben

In beiden Sprachen gibt es obligatorisch reflexive Verben, die in der jeweils anderen Sprache nicht reflexiv sind. Beim Übersetzen dieser Verben sollte die Reflexivität des Verbs in der Zielsprache berücksichtigt werden.

verdwalen	sich verirren
schrikken	sich erschrecken
wennen	sich an etwas gewöhnen
met elkaar afspreken	sich verabreden
zich verslapen	verschlafen

2.4.4.2 Transitivität

Auch in Bezug auf die Transitivität gibt es Unterschiede zwischen den beiden Sprachen. So gibt es transitive niederländische Verben, die im Deutschen intransitiv verwendet werden und umgekehrt. Verben werden als transitiv bezeichnet, wenn sie eine direkte Objektergänzung bei sich haben (können).[17]

Ik weet **het**.	Ich weiß.
Ze begreep **het**.	Sie begriff/verstand.

2.4.5 Modalverben

Niederländische Modalverben haben oft eine andere Bedeutung als ihre deutschen Gegenstücke. Zu den Modalverben zählen im Deutschen *dürfen*, *können*, *mögen*, *müssen*, *sollen* und *wollen*. Im Niederländischen gibt es die Modalverben *(niet) hoeven*, *kunnen*, *moeten*, *mogen*, *willen*, *zullen*.

2.4.5.1 *Moeten*

Moeten kann vier verschiedene Übersetzungen haben: *müssen*, *brauchen*, *wollen* und *sollen*.

Moet je nog iets hebben van de supermarkt?	**Brauchst** du noch etwas vom Supermarkt?
Je **moet** niet zo lang wakker blijven.	Du **sollst** nicht so lange wach bleiben.
Hij **moet** het niet doen.	Er **soll(te)** es nicht tun.
Je **moet** piano spelen.	Du **sollst** Klavier spielen.
Moet je nog koffie?	**Willst/möchtest** du noch Kaffee haben?

17 Vgl. Hoberg, Ursula & Rudolf Hoberg (Hrsg.). *Der kleine Duden. Deutsche Grammatik*. 4., vollständig überarbeitete Auflage. Mannheim: Dudenverlag 2009, S. 151.

2.4.5.2 *Zullen*

Zullen kann auf die Zukunft verweisen und dem deutschen *werden* entsprechen oder Wahrscheinlichkeiten und Intentionen ausdrücken. Manchmal gibt es mehrere sinnvolle Möglichkeiten; in einem solchen Fall können das Register des Textes und kleine Signalwörter Aufschluss geben.

Ik **zal** je zeggen ...	Ich **kann** dir sagen ...
Hij **zal** het niet doen	Er **wird** es nicht tun.

Eines dieser Signalwörter kann beispielsweise die niederländische Partikel *wel* sein, womit ausgedrückt wird, dass etwas mit hoher Wahrscheinlichkeit stattfindet/stattfinden wird. In diesem Fall müsste *zullen* mit *werden* übersetzt werden.

Peter **zal wel** voor zijn examen slagen.	Peter **wird wohl** seine Prüfung bestehen. / Peter besteht seine Prüfung wohl.

2.4.5.3 *Zouden*

Zouden als Imperfektform von *zullen* kann ebenfalls Verschiedenes ausdrücken. Einerseits kann *zouden* anzeigen, dass etwas zitiert wird, dessen Wahrheitsgehalt nicht nachgewiesen werden konnte und dessen Inhalt die Äußerung einer anderen Person darstellt. In diesem Fall kann auch die Umschreibung *angeblich* helfen:

"Zoals op de vlucht slaan helpt om problemen op te lossen. Die problemen zijn leerzaam. De oplossing ervan **zou** rijping en vooruitgang impliceren." (Peijffer, *Grand Hotel Europa*)	„Wohl ähnlich wie eine Flucht bei der Lösung von Problemen hilft. Probleme sind lehrreich, wer sie löst, wird dadurch **angeblich** gereifter und entwickelt sich weiter." (I. Wilhelm)
Karel **zou** vanavond nog thuiskomen.	Karel **wollte** heute Abend noch nach Hause kommen.

Andererseits können auch Vermutungen oder Zustände beschrieben werden, die nicht real sind:

Als ik geld **zou hebben**, **zou** ik op reis gaan.	**Hätte** ich Geld, **würde** ich verreisen.

Darüber hinaus kann die Imperfektform dafür verwendet werden, besonders höflich/vorsichtig eine Frage zu formulieren:

Zou ik hier mijn koffer **kunnen/ mogen laten staan**?	**Dürfte** ich meinen Koffer hier **abstellen**?

Oftmals kann *zouden + Infinitiv* im Deutschen mit einer Konjunktivform wiedergegeben werden:

"*De dood loopt over de scène. [...] Broer en zus verstarren, zien hem, volgen met hun blik zijn oversteek op de scène tot hij uit het zicht verdwijnt.* Broer: Wie **zou** dat **zijn**?" (Vielen, *Doe de groeten aan de ganzen*)	„*Der Tod läuft durch die Szene. [...] Bruder und Schwester erstarren, folgen ihm mit ihren Blicken, bis er nicht mehr in Sichtweite ist.* Bruder: Wer **könnte** das **gewesen sein**?" (L. Mensing)

Drückt die Kombination *zouden + Infinitiv* im Niederländischen einen Wunsch aus, so steht uns im Deutschen das Verb *mögen* zur Verfügung:

"Broer: Ik **zou** het liefst zelf een vogel zijn, zo vrij en hoog in de lucht, als een vogel **zou** ik willen zijn." (Vielen, *Doe de groeten aan de ganzen*)	„Bruder: Am liebsten **wäre** ich selbst ein Vogel, so frei und hoch in der Luft, wie ein Vogel **möchte** ich sein." (L. Mensing)

2.4.6 Sonderfälle

2.4.6.1 *Beginnen + te + Infinitiv*

Im Niederländischen gibt es die Kombination *beginnen + te + Infinitiv*, mit der ausgedrückt wird, dass eine Tätigkeit oder Handlung gerade erst begonnen hat. Im Deutschen ist die Kombination *beginnen + zu + Infinitiv* nicht gebräuchlich. *Er begann zu laufen* als Übersetzung des gängigen Satzes *Hij begon te lopen* ist zwar möglich, aber ungebräuchlich. Ein Übersetzer muss sich die Frage stellen, warum oder ob der Anfang der Aktivität wichtig ist. Natürlichere Übersetzungen für *Hij begon te lopen* wären beispielsweise *Er ging los* oder aber *Er machte sich auf den Weg*. Die deutsche Sprache bietet viele verschiedene Möglichkeiten, den Anfang einer Aktivität auszudrücken, ohne die Verben *beginnen/anfangen* zu verwenden. Oft ist es auch schlichtweg unnötig, den Beginn einer Handlung zu markieren.

"Lucien **begint te wiegen**" (Robben, *Zomervacht*)	Lucien **schaukelt** hin und her
"Ongeduldig drukt pa op de blauwe knop tot de machine opnieuw **begint te zoemen**." (Robben, *Zomervacht*)	Ungeduldig drückt Pa so lange auf den blauen Knopf, bis die Maschine wieder **summt**.
"Ik vreesde dat ik **begon te vermoeden** welk antwoord ze voor mij verzweeg." (Pfeijffer, *Grand Hotel Europa*)	„Mir **schwante**, welche Antwort sie mir verschwieg." (I. Wilhelm)

2.4.6.2 Positionsverben + te + Infinitiv

Zu den Positionsverben gehören im Niederländischen die Verben *liggen*, *zitten*, *staan* und *hangen*, im Deutschen gibt es *stehen*, *liegen*, *sitzen* und *hängen*. Eine typisch niederländische syntaktische Struktur stellt die Kombination aus einem *Positionsverb + te + Infinitiv* dar. Ursprünglich wurde durch diese Struktur eine Doppelaussage getroffen: *Hij zit te lachen* kombiniert eine Positionsangabe (sitzen) mit einer Handlung (lachen), denn das Subjekt macht gleichzeitig zwei Dinge – sitzen und lachen. Lachen ist hier semantisch gesehen jedoch am wichtigsten. Heute drücken die Positionsverben ebenso eine Gleichzeitigkeit aus wie die syntaktische Struktur *zijn + aan het + Infinitiv*. Der Übersetzer muss abschätzen, welche Bedeutungsanteile wichtiger sind: die positionalen oder die aktionalen? Es gibt drei verschiedene Möglichkeiten.[18]

18 Vgl. Leclercq, Robert. „Aktionsart im Niederländischen und im Deutschen." S. Sonderegger & J. Stegeman (Hrsg.). *Geben und Nehmen. Theoretische und histo-*

(1) Die Positionsangabe ist am wichtigsten:

“Op een sinaasappelkistje **zat** een klein meisje aan een rietje **te zuigen**.” (Loo, *De meisjes van de suikerwerkfabriek*)	„Auf einer Apfelsinenkiste **saß** ein kleines Mädchen und saugte an einem Strohhalm.“ (R. Still)
“Ondanks alles wat er gebeurd was **lag** ik nu toch **te zonnen** op een zeilschip.” (’t Hart, *Ongewenste zeereis*)	„Trotz allem, was geschehen war, **lag** ich nun doch auf einem Segelschiff und sonnte mich.“ (Übersetzungsworkshop Uni Oldenburg)

(2) Die Position des Subjekts ist zwar ersichtlich, aber nicht wirklich relevant. Die Aktionsart steht im Fokus.

“Ik **zat** een paar uur op de kleibal **te kneden** en toen was ik wéer gek.” (Biesheuvel, *Korte verhalen uit de jaren zeventig*)	„Ein paar Stunden **knetete** ich auf der Tonkugel herum, und dann war ich wieder verrückt.“ (S. Mrotzek)
Hij **stond** daar maar wat **te lummelen**.	Er **lümmelte** dort einfach herum.
“’s Nachts, wanneer oom Theodoor snurkend **lag te slapen**” (Biegel, *Man en Muis*)	Nachts, wenn Onkel Theodor schnarchend **schlief**

(3) Das Positionsverb steht nicht mehr im Dienst einer bewussten Positionsangabe.

“Wat zij aan mij kunnen zien, is dat ik hulpeloos met mijn ogen **sta te knipperen**.” (Brouwers, *26 nieuwe verhalen*)	„Was sie mir ansehen können, ist, dass ich hilflos mit meinen Augen **blinzle**.“ (S. Diederich)

---

rische Beiträge zur deutschen Rezeption niederländischer Sprache und Literatur. Dordrecht: ICG Publications 1993, S. 187–222.

2.4.6.3 *Blijven* + Infinitivergänzung

Wenn das niederländische *blijven* temporal und nicht lokal verwendet wird und eine Infinitivergänzung hat, kann es nicht mit dem deutschen *bleiben* übersetzt werden. Stattdessen muss eine Formulierung gewählt werden, die auf die zeitlichen Verhältnisse verweist. *Blijven* + Infinitivergänzung hat zwei Bedeutungen: (1) sich nicht fortbewegen und (2) weitermachen mit.[19]

De auteur **blijft** naar een goed idee voor zijn nieuwe roman zoeken.	Der Autor sucht **immer noch/weiter** nach einer guten Idee für seinen neuen Roman.
De hardloper was bijna aan het einde van zijn Latijn, maar hij **bleef** doorlopen tot hij de finish bereikte.	Der Läufer war fast am Ende seiner Kräfte, doch trotzdem lief er **weiter** bis ins Ziel.
De kinderen **bleven** spelen.	Lokal: Die Kinder **blieben** zum Spielen. Temporal: Die Kinder spielten **weiter**.

2.4.6.4 *Doen* und *maken* vs. *tun* und *machen*

Bei der Übersetzung von *doen* und *maken* ist Vorsicht geboten. Zwar ist die etymologische Entsprechung des Verbs *doen tun*, und die von *maken machen*, doch muss man die niederländischen Verben oft mit dem jeweils anderen Wort übersetzen. Es gibt für das Sprachenpaar Niederländisch-Deutsch drei wichtige Verwendungszwecke dieser Verben.[20]

(1) Bei dieser Kategorie werden im Deutschen sowohl *machen* als auch *tun* verwendet, während im Niederländischen ausschließlich *doen* verwendet wird.

---

19 ANS-E.

20 Vgl. Nehls, Dietrich. "English DO/MAKE compared with German TUN/MACHEN and Dutch DOEN/MAKEN. A synchronic-diachronic approach." *International Review of Applied Linguistics in Language Teaching* (1991) 29, S. 306.

Wat **doe** je hier?	Was **machst/tust** du hier?
Daar kunnen we niets aan **doen**.	Da können wir nichts **machen/tun**.
Wat moet ik verder nog **doen**?	Was muss/soll ich noch **machen**?

(2) Auf die Verben folgt ein Objekt (*affected object*) oder ein Instrument, das verwendet wird. Während das Deutsche ausschließlich *machen* in Verbindung mit *affected objects* verwendet, benutzt das Niederländische ausschließlich *doen*.

Ik moet nu de woonkamer **doen**.	Ich muss jetzt das Wohnzimmer **machen**.
Wil je even de deur **opendoen**?	Kannst du mal eben die Tür **aufmachen/öffnen**?

(3) Auf die Verben folgt ein Objekt, das aus der Handlung resultiert bzw. dadurch geschaffen wird (*resultant object*). Bei dieser dritten Kategorie wird sowohl im Deutschen als auch im Niederländischen das Verb *machen/maken* verwendet – hier stimmt die Verwendung also überein.

Zal ik nog wat thee **maken**?	Soll ich noch Tee **machen**?

Manchmal ist es möglich, *doen* und *maken* mit anderen Verben zu übersetzen, die die Handlung konkretisieren.

"En de sneeuwman, die we in de winter **maakten**." (Vielen, *Doe de groeten aan de ganzen*)	„Und der Schneemann, den wir im Winter **gebaut** haben." (L. Mensing)
"In het begin kon hij één gerecht **maken**." (Theunynck, *Spectaculair*)	Am Anfang konnte er ein einziges Gericht **zubereiten**.

2.4.6.5 *Denken*, *glauben* und *meinen*

Das niederländische Verb *denken* sollte keinesfalls immer mit dem deutschen Verb *denken*, sondern manchmal besser mit *glauben* oder *meinen* übersetzt werden. Der Bedeutungsunterschied zwischen den deutschen Verben ist nur sehr klein: *Denken* bedeutet u. a. „annehmen, vermuten, glauben, meinen", während *glauben* die Bedeutung „etwas für möglich und wahrscheinlich halten, annehmen, meinen" hat.[21] *Meinen* wiederum bedeutet, dass man in Bezug auf jemanden oder etwas eine bestimmte Meinung / Ansicht vertritt. Während *denken* eher analytisch, logisch und sachlich konnotiert ist, ist *glauben* eine vage, gefühlsmäßige Sache. Gleichzeitig schwingt auch immer eine andere Bedeutungsebene des Verbs *glauben* mit: die spirituelle / religiöse Bedeutungsebene.

"En dit is een potje met zijn kwijl **denk** ik, het kan ook iets anders zijn." (Vielen, *Doe de groeten aan de ganzen*)	„Und das hier ist ein Döschen mit seinem Sabber, **glaube** ich jedenfalls, es kann auch etwas anderes sein." (L. Mensing)

Hier wurde *denken* mit *glauben* übersetzt, da *glauben* in diesem Satz vermittelt, dass die Sprecherin eine Vermutung hat, was in dem Döschen ist. Das Verb *denken* würde mehr Sicherheit ausstrahlen und nicht dazu passen, dass sie sich unsicher ist.

"Kan je een geheim bewaren ik **denk** dat Bobby nog bestaat als hij niet bestond zou ik niet aan hem kunnen **denken** dan zou ik **denken** aan niets	„Kannst du ein Geheimnis für dich behalten ich **glaube**, es gibt Bobby immer noch wenn es ihn nicht mehr geben würde, könnte ich nicht an ihn **denken** dann würde ich an gar nichts **denken**

21 Vgl. Duden. https://www.duden.de

en ik **denk** niet aan niets
ik **denk** aan Bobby
dus dan moet hij nog bestaan"
(Vielen, *Doe de groeten aan de ganzen*)

und ich **denke** nicht an nichts
ich **denke** an Bobby
also muss es ihn noch geben"
(L. Mensing)

In diesem Beispiel versucht die Sprecherin eine Antwort auf die Frage zu geben, wo man hinkommt, wenn man stirbt. Es geht also um die große Unbekannte – den Tod. Hier passt das Verb *glauben* folglich deutlich besser. Bei den übrigen Vorkommen von *denken* liegt ein anderer Sachverhalt vor, das deutsche *denken* passt somit zu den übrigen Fällen.

"Bij het eerste café zei je: 'Dit is café 't Geluk. Ik heb het gevoel dat het sowieso geen kwaad kan om hier iets te drinken. Wat **denk** je?'"
(Theunynck, *Spectaculair*)

„Vor der ersten Kneipe sagtest du: ‚Die hier heißt ‚Das Glück'. Ich glaube, man macht absolut nichts falsch, wenn man hier etwas trinken geht. Was **meinst** du?'"

Die Sprecherin möchte von ihrem Gesprächspartner wissen, welche Meinung er zu der Kneipenwahl vertritt. Möchte er hineingehen oder möchte er lieber weitergehen? *Meinen* ist hier also eine gute Wahl.

2.4.6.6 Substantivierungen von Verben im Niederländischen → Suffigierung auf *-ung*

In der niederländischen Sprache findet häufig eine Substantivierung von Verben statt. Dies ist zwar auch im Deutschen möglich, doch ist eine Suffigierung auf *-ung* die idiomatischere Lösung.[22]

Het oprichten van crèches.

Die Errich**tung** von Kindergärten.

"[de geheimen] bij het mengen van kleuren, het verdunnen van pigmenten"
(Hertmans, *Oorlog en terpentijn*)

„... in der Farbmischung und der Pigmentverdünnung"
(I. Wilhelm)

22 Vgl. Schreiber. „Stilistische Probleme", S. 108.

2.4.6.7 Funktionsverbgefüge

Wenn aus dem Syntagma *antwoord geven* in der Übersetzung einfach *beantworten* wird, so wurde ein Funktionsverbgefüge in ein einfaches Verb umgewandelt. Da Funktionsverbgefüge in der Zielsprache nicht immer die gleiche Idiomatik wie in der Ausgangssprache vorweisen, werden sie oftmals in einfache Verben umgewandelt.[23]

> Funktionsverbgefüge kommen in zwei Varianten vor: (a) als Verbindung aus Funktionsverb und deverbalem Substantiv im Akkusativ (*eine Erlaubnis geben*) und vor allem (b) als Verbindung aus Funktionsverb und Präposition mit deverbalem Substantiv (*zum Abschluss bringen*). (Wermke 2006: 424)

antwoord geven	(be)antworten
afscheid nemen	sich verabschieden
in gevaar brengen	gefährden

Umgekehrt verfügt die niederländische Sprache über viele Verben, die im Deutschen nicht als Verb wiedergegeben werden können, sondern in ein Funktionsverbgefüge übertragen werden müssen.

fietsen	Fahrrad fahren
sporten	Sport machen / treiben
voetballen	Fußball spielen
skaten	Skat spielen
slalommen	Slalom fahren / laufen
zigzaggen	sich im Zickzack bewegen
schokschouderen	mit den Schultern zucken

2.4.6.8 Partizip I

Das Partizip I (auch Partizip Präsens genannt) kann genau wie im Niederländischen als Verbform verwendet werden, allerdings wird

23 Wermke, Matthias (Hrsg.). *Duden. Die Grammatik. Unentbehrlich für richtiges Deutsch.* 7., völlig neu bearb. und erw. Auflage. Mannheim: Dudenverlag 2006, S. 424.

diese Form meist aus stilistischen Gründen vermieden, sodass das Partizip I im Deutschen vor allem als Adjektiv oder Adverb vorkommt. Darüber hinaus wird das Partizip Präsens im Niederländischen auch deutlich häufiger verwendet. Ein niederländisches Partizip I kann deshalb nicht immer mit einem deutschen Partizip I übersetzt werden.

"En het ding in zijn benige hand **drukkend** wezen ze naar plaatjes op het lichtende scherm." (Biegel, *Man en Muis*)	Und sie **drückten** ihm das Ding in die knochige Hand, um ihm die Abbildungen auf dem Monitor zu zeigen.

2.4.6.9 Anpassung/Streichung der Inquit-Formel

Wenn ersichtlich ist, wer spricht, und es keinen Einfluss auf den Stil hat, kann die Inquit-Formel im Zieltext unübersetzt bleiben.

Im Niederländischen wird auch bei Fragen häufig das Verb *zeggen* als Inquit-Formel verwendet. Diese sollte im Deutschen durch das Verb *fragen* ersetzt werden.

"We wandelden verder. Maar na een paar meter stopte je en keek naar mij en dan **zei** je: 'Heb je me de hele dag achtervolgd vandaag?'" (Theunynck, *Spectaculair*)	Wir gingen weiter. Doch nach wenigen Metern bist du stehen geblieben, hast mich angesehen und **gefragt**: „Bist du mir heute den ganzen Tag gefolgt?"

2.5 Adverbien

2.5.1 *er*

Wer Niederländisch lernt, ist bei der Verwendung des Adverbs *er* mit Sicherheit schon einmal ins Straucheln geraten, denn es ist vielseitig einsetzbar. *Er* kann lokal, partitiv, in Kombination mit einer Präposition (als Pronominaladverb), als Platzhalter oder als Subjekt in passiven Sätzen verwendet werden. Beim Übersetzen muss stets analysiert werden, welche Funktion *er* im jeweiligen Satz hat und ob diese in den Zieltext übernommen werden muss oder vernachlässigt werden kann.

[Platzhalter] "**Er** was heel veel met haar gebeurd, schreef ze." (Nooteboom, *'s Nachts komen de vossen*)	„Bei ihr sei sehr viel passiert, schrieb sie." (H. v. Beuningen)
[Partitiv] Hoeveel broers heb jij? Ik heb **er** drie.	Wie viele Brüder hast du? Ich habe drei.
[Platzhalter + partitiv] "**Er** is **er** maar één, de man met de pet, die lacht." (Nooteboom, *'s Nachts komen de vossen*)	„Nur einer, der Mann mit der Mütze, lacht." (H. v. Beuningen)

2.5.2 *anders*

Das niederländische *anders* kann mit den deutschen Adverbien *anders* und *sonst/ansonsten* übersetzt werden. Diese beiden Wörter reichen aber nicht immer aus, um *anders* korrekt zu übersetzen. Es gibt zwei Möglichkeiten, wie *anders* verwendet wird:

(1) als Adverb der Art und Weise (in der Bedeutung: *op een andere manier*), in diesem Fall kann es einfach mit den deutschen Entsprechungen *anders* und *sonst* übersetzt werden
(2) als Adverbialbestimmung, in diesem Fall kann es beispielsweise einen negativen Zustand, eine temporale Ausnahme (a) (*gewoonlijk wel, nu niet*) oder eine nicht-temporale Ausnahme (b) ausdrücken. Das niederländische *anders* wird in diesen beiden Fällen wie *zo niet*, *normaal*, *gewoonlijk*, *verder*, *voor de rest* verwendet.

(a) Hij is vanavond nogal nors. **Anders** [gewoonlijk] is hij zeer vriendelijk.	Er ist heute Abend ziemlich barsch. **Normalerweise/Eigentlich** ist er sehr freundlich.
(b) De tekst bevatte enkele tikfouten. **Anders** [voor de rest] was hij goed geschreven.	Es befanden sich einige Tippfehler im Text. **Ansonsten** war er gut geschrieben.
Tussen de perken was alles **anders** geworden.	Auch zwischen den Blumenbeeten hatte sich alles verändert.

2.5.3 Adverbien-Cluster

> In der Sprachwissenschaft bezeichnet das Wort *Cluster* eine „ungeordnete Menge semantischer Merkmale eines Begriffs". (www.duden.de)

Adverbien-Cluster sollten nicht einzeln Wort für Wort übersetzt werden, sondern dem deutschen Sprachgebrauch angepasst werden. Liest man beispielsweise *dat is* ***heel erg*** *leuk, we gaan* ***soms wel eens*** *naar de bioscoop* oder *hij heeft* ***weer eens even*** *geboft*, sollte ein Adverb ausgesucht werden, das den gleichen Effekt hat. Mögliche Lösungen sind: *das ist* ***sehr*** *schön*; *wir gehen* ***manchmal*** *ins Kino* und *hat er* ***mal wieder*** *Glück gehabt.*[24]

2.6 Partikeln

2.6.1 Modalpartikeln

> Modalpartikeln „drücken sehr differenziert Einstellungen, Annahmen, Bewertungen und Erwartungen des Sprechers bezüglich des geäußerten Sachverhalts, teilweise auch seine Erwartungen an den Hörer aus." (Wermke 2006: 597)

Sowohl im Niederländischen als auch im Deutschen werden häufig Partikeln verwendet. Während es für andere Sprachenpaare ganze Partikelwörterbücher gibt, ist ein solches für das hier untersuchte Sprachenpaar leider nicht verfügbar. Modalpartikeln verleiten mit ihrer scheinbaren Ähnlichkeit nicht nur Fremdsprachenlerner, sondern auch Übersetzer dazu, das niederländische Wort durch das verwandt erscheinende deutsche Wort zu ersetzen, was schließlich zu Übersetzungsfehlern führen kann.

Kontext zum Beispiel: Als ein Vater einen Tankstellenwart um Geld geprellt hat und mit seinem Sohn schnell abhauen will, sagt er:

"**Even** doorstappen, Brai." (Robben, *Zomervacht*)	**Einfach** weitergehen, Brai.

24 Beelen, Hans. "Nederlandse literatuur in Duitse vertaling." *Onze Taal* 62 (1993), 11, S. 252 f.

Doch nicht nur die passende Übersetzung, sondern auch das Hinzufügen von Partikeln kann einem literarischen Text den letzten Schliff verleihen:

"Dat was het eerste moment in m'n leven dat ik besefte dat niet alles wat mijn moeder me vertelde waar was. En dat een pyjama niet een T-shirt en sokken is, én dat het niet normaal is om zo in huis rond te lopen, zeker niet als je al dertien bent." (Theunynck, *Spectaculair*)	Und zum ersten Mal in meinem Leben wurde mir klar, dass nicht alles stimmte, was meine Mutter mir erzählte. Ein Pyjama besteht **eben** nicht aus einem T-Shirt und Socken und es ist nicht normal, so im Haus herumzulaufen, erst recht nicht mit dreizehn.

Genauso wie das Tilgen von Partikeln:

Dat vond hij **toch zo** gemeen.	Das fand er **so** gemein.

2.6.2 *wel*

Einfach mal laut lesen! Es ist immer hilfreich, die verschiedenen Varianten laut vorzulesen und dabei auf Klang und Rhythmus zu achten.

Der Teufel liegt im Detail. Zu diesen „Details" gehört auch die Partikel *wel*. Betrachtet man die Übersetzungen, die das Online-Wörterbuch Van Dale angibt, fällt sofort auf, dass nicht ein oder zwei, sondern gleich vierzehn Übersetzungsmöglichkeiten angegeben werden: *wohl*, *schon*, *ja*, *doch*, *ganz*, *recht*, *vermutlich*, *wahrscheinlich*, *zwar*, *aber*, *gut*, *genauso*, *denn* und *na*. In einer Studie[25] wurde untersucht, wie Literaturübersetzer mit dieser Partikel verfahren, und die Ergebnisse spiegeln die Komplexität dieses kleinen Wortes deutlich wider. Die Ergebnisse zeigen zum einen, dass *wel* oftmals kein lexikalisches Äquivalent im Deutschen hat und in Übersetzungen häufig eliminiert wird.

25 Vgl. Sudhoff, Stefan. "Ja, ik spreek Nederlands – But not wel." E. van der Knaap & C. Koster (Hrsg.). *Teksten in beweging. Over vertaling, vertalers en literatuur.* Nijmegen: Vantilt 2019, S. 205–212.

"Onze vrouwen zaten **wel** samen met de buurvrouwen in de tuin." (Claus, *Onvoltooid verleden*)	„Unsere Frauen saßen mit den Nachbarsfrauen zusammen im Garten." (W. Hüsmert)

Zum anderen zeigen die Fälle, in denen eine Entsprechung gefunden und verwendet wurde, dass diese Entscheidung vom spezifischen Kontext abhängt und immer individuell getroffen werden muss.[26]

"Er zal **wel** iemand langskomen. Waarom ligt hier anders een weg?" (Peeters, *De ommelanden*)	Es kommt **bestimmt** jemand vorbei. Warum sollte hier sonst ein Weg sein?

2.6.3 Interjektionen

Interjektionen sind wortähnliche Lautäußerungen, die Empfindungen ausdrücken oder Geräusche nachahmen.[27] Auch Interjektionen müssen übersetzt werden und können nicht einfach in die Zielsprache übernommen werden. So macht die Kuh im Niederländischen *boe* und nicht *muh*, ein Schaf macht *bêh* statt *mäh*, wenn man an die Tür klopft, macht es *tok tok* und nicht *klopf klopf*, ein Auto macht im Vorbeifahren *vroem* und nicht *brumm*, *ah* bedeutet manchmal *oh* und wenn man etwas Ekliges isst, wird *jakkes* anstelle von *pfui* ausgerufen.

"**Oh**, heerlijke oude geurige kruimelende Edammer" (Biegel, *Man en Muis*)	**Ach**, köstlicher, duftender, krümeliger Edamer

26 Weiterführende Literatur: Westheide, Henning. „Eine kontrastive Analyse der Partikeln deutsch *wohl* und niederländisch *wel*." *Zeitschrift für germanistische Linguistik* 13 (1985), S. 186–202.

27 Vgl. Duden. https://www.duden.de

2.7 Präpositionalgruppen in Wegbeschreibungen

Für Wegbeschreibungen werden im Niederländischen oftmals Präpositionen und Postpositionen verwendet, die im Deutschen häufig zu Zirkumpositionen gemacht werden: Präpositionen, die ihre Ergänzung einrahmen (z. B. „**Von** Beginn **an** lief alles gut."). Vor allem die Präposition *langs*, die mit *entlang*, *an … entlang* oder *an … vorbei* übersetzt werden kann und bei niederländischen Wegbeschreibungen häufig vorkommt, kann den deutschen Text holprig und technisch wirken lassen. Auch die Präposition *voorbij* fordert im Deutschen die Verwendung einer Zirkumposition, nämlich *an … vorbei/vorüber*. Hier kann es unter Umständen sinnvoll sein, einige Nebensätze zusammenzufassen, um den Zieltext nicht komplizierter als nötig zu gestalten. Aus "voorbij het huis van papa, langs de begraafplaats en de dure huizen" kann beispielsweise „an Papas Haus und am Friedhof neben den teuren Häusern vorbei" werden.

> Wichtig ist vor allem, dass man sich beim Übersetzen den Weg vorstellt und ihn vor dem geistigen Auge abgeht/abfährt, um zu verstehen, welche Gebäude und Plätze auf welche Art und Weise passiert werden und um daraus schließen zu können, wie dies am besten in der Zielsprache wiedergegeben werden kann. Hierbei kann auch Google Maps/Street View helfen.

"Over de kleine stenen trappen in parkjes, tussen de bloemen door, schelpenpaden **langs** bomen **langs** de buitengracht, naar de overkant; de brede straat in waar vroeger de eerste spoorweg liep, nu de trams." (Ten Napel, *Het leven zelf*)	Über die schmalen Steintreppen in Parks, zwischen den Blumen hindurch, **auf** Muschelwegen **an** Bäumen **entlang über** den Stadtwall, auf die andere Seite der Gracht, in die breite Straße, über die früher die ersten Gleise verliefen, jetzt die Straßenbahnen.
"Vera keek naar het licht zoals het **op** de gordijnen viel, **ertegenaan – eronderdoor**, **in** het venster, **op** de rugleuning van de ingebouwde bank." (Ten Napel, *Het leven zelf*)	Vera beobachtete das Licht, wie es **auf** die Vorhänge fiel – **unter** ihnen **durch**, **ins** Fenster, **auf** die Rückenlehne des eingebauten Sofas.

2.8 Konjunktionen

2.8.1 *want*

Normalerweise wird das niederländische *want* mit dem deutschen *denn* übersetzt. Wird im Ausgangstext jedoch eine logische Abfolge dargestellt, besteht im Deutschen die Möglichkeit, *want* mit *schließlich* zu übersetzen:

“Didier Van Ranst zal zeggen wat je dan doet; je laat zo iemand binnen **want** jij bent in een beschaafd land opgegroeid en je denkt met de moed der wanhoop: misschien leert ze hier nog iets.” (Verbeke, *Veronderstellingen*)	„Didier van Ranst kann sagen, was man dann macht; man lässt so jemanden rein, **schließlich** ist man in einem kultivierten Land aufgewachsen, und man denkt mit dem Mut der Verzweiflung: Vielleicht lernt sie hier ja noch was.“ (Übersetzungsworkshop INP 2016)
“Dat deed ik natuurlijk niet, **want** mijn vriendinnen waren erbij.” (Theunynck, *Spectaculair*)	Das habe ich natürlich nicht gemacht, **schließlich** waren meine Freundinnen dabei.

Manchmal wird *want* im Niederländischen dazu verwendet, Rechenschaft für das zuvor Gesagte abzulegen. In diesem Fall kann *want* wegfallen oder mit *nämlich* übersetzt werden:

Feta wordt van geitenmelk gemaakt, **want** dat wilde je toch weten.	Feta wird aus Ziegenmilch hergestellt, das wolltest du doch wissen.
Betaal de rekening nou maar, **want** de dienster wordt ongeduldig.	Bezahl jetzt besser mal die Rechnung, die Kellnerin wird (**nämlich**) schon ungeduldig.

2.8.2 *om/um*

Einen Stolperstein für unerfahrene Übersetzer kann die niederländische Konjunktion *om* darstellen. Während im Deutschen *um* nur in Kausal- und Finalsätzen verwendet wird, wird *om* deutlich häufiger auch in anderen Satzkonstruktionen verwendet. Wenn *om* einen *te*-Infinitiv einleitet, der einen Zweck angibt, kann auch im Deutschen *um + zu-Infinitiv* verwendet werden. Ist dies nicht der Fall, ist die Verwendung der Konjunktion *um* falsch.

> „Kausale Nebensätze nennen die Ursache, den Grund für ein Geschehen, auch den Beweggrund für eine Handlung; sie werden mit *weil* oder *da* eingeleitet." (Hoberg & Hoberg 2009: 411).
>
> „Finale Nebensätze geben den Zweck einer Handlung, eine Absicht an; sie werden durch *damit* eingeleitet." (Hoberg & Hoberg 2009: 414).

Zoiets is steeds interessant **om** te zien.	Es ist immer interessant, so etwas zu sehen.
Om eens rustig van de avond te kunnen genieten, werden de kinderen vroeg naar bed gebracht.	Um den Abend in aller Ruhe genießen zu können, brachten wir die Kinder früh ins Bett.
Ze denkt er niet aan **om** me te komen helpen.	Sie denkt nicht daran, mir zu Hilfe zu kommen.
Hij studeerde geneeskunde om later kinderarts te worden.	Er studierte Medizin, um später Kinderarzt zu werden.
"Hij heeft wel veel moeite moeten doen **om** haar verkeerd te verstaan." (Verbeke, *Veronderstellingen*)	~~Er hatte sich viel Mühe geben müssen, *um* sie falsch zu verstehen.~~ „Er hatte sich viel Mühe geben müssen, sie falsch zu verstehen." (Übersetzungsworkshop INP 2016)

3. Syntax

3.1 Ausklammerung[1]

Satzklammer: „Man gebraucht für die Aufspaltung des Verbalkomplexes das Bild der Klammer und spricht hier von Verbklammer: Die getrennt stehenden, aber inhaltlich zusammengehörigen Verbformen umschließen andere Satzteile wie eine Klammer. Das Bild lässt sich auch auf die Stellung im Nebensatz übertragen." (Hoberg & Hoberg 2009: 385).

Ein grundlegender Unterschied zwischen der deutschen und der niederländischen Syntax ist die häufigere Besetzung des Nachfelds im Niederländischen. Mithilfe des Feldermodells lässt sich die Satzgliederung im Deutschen und Niederländischen beschreiben. Im Nachfeld befinden sich nachgestellte Satzglieder. Entscheidet sich der Übersetzer dafür, die Satzglieder, die im Ausgangstext im Nachfeld – dem ausgeklammerten Teil – stehen, in der Übersetzung in das Mittelfeld zu verschieben, so könnte man von einer ‚Einklammerung' sprechen, einer Strategie, die von vielen Übersetzern angewendet wird. Prinzipiell hat der Übersetzer zwei Möglichkeiten, wenn er eine Nachfeldbesetzung übersetzen will. Die erste besteht darin, die Satzglieder des Nachfelds auch in der Übersetzung im Nachfeld zu platzieren. Hierbei kann es entweder zu einer adäquaten Übersetzung oder aber zu einer Interferenz kommen – zu einem vom Ausgangstext abweichenden Markiertheitsgrad. Dadurch entsteht zwar kein grammatisch falscher Satz, aber eine Verfälschung des Originals. Die zweite Möglichkeit besteht darin, die Satzglieder teilweise oder ganz ins Mittelfeld zu verschieben – also eine Einklammerung durchzuführen.

Stellungsfelder: „Durch die Satzklammer wird der Satz in Abschnitte gegliedert, die man Stellungsfelder nennt. Der Satzabschnitt zwischen den Klammerteilen bildet das Mittelfeld, die Abschnitte vor der linken und hinter der rechten Satzklammer heißen Vorfeld und Nachfeld." (Hoberg & Hoberg 2009: 386).

1 Vgl. Eickmans, Heinz. „‚Einklammerung' als Übersetzungstransformation. Zur Nachfeldbesetzung in deutschen Literaturübersetzungen aus dem Niederländischen." *Leuvense Bijdragen* 99–100 (2016), S. 153–169.

"Zulke taal had nog niet eerder weerklonken **bij een uitvaart.**" (Mulisch, *Het theater, de brief en de waarheid*)	„Solche Sätze waren nie zuvor **bei einer Trauerfeier** erklungen." (G. Seferens)
"omdat er op iedere vierkante meter een geoloog staat **met een microscoop**" (Hermans, *Nooit meer slapen*)	„weil auf jedem Quadratmeter ein Geologe **mit einem Mikroskop** steht" (R. Still)
"Zijn linkeroorschelp moet afgescheurd zijn **bij de ontploffing die hem verminkt heeft**." (Mulisch, *Het theater, de brief en de waarheid*)	„Die linke Ohrmuschel muss **bei der Explosion, die ihn entstellt hat**, abgerissen worden sein." (G. Seferens)
"En aan de buitenkant was het niets bijzonders, **dat appartementenblok**" (Verbeke, *Veronderstellingen*)	„Von außen war **der Wohnblock** nichts Besonderes." (Übersetzungsworkshop INP 2016)

3.2 Relativsätze

In der niederländischen Literatur gibt es viele Relativsatztreppen, Ketten von aufeinanderfolgenden Relativsätzen. Im Deutschen stören diese häufig das Satzgefüge und überfrachten den Text. Es sollte deshalb beim Übersetzen abgewogen werden, ob die Häufung der Relativsätze im Ausgangstext eine Funktion hat. Trifft dies nicht zu, so kann man anstelle der Relativkonstruktion bspw. eine Partizipialkonstruktion wählen. Darüber hinaus begegnet man immer wieder Relativsätzen, die überflüssige Informationen enthalten (s. letztes Beispiel) und die in der Übersetzung teilweise eliminiert werden können.[2]

2 Vgl. Beuningen, Helga van. „Literarisches Übersetzen aus dem Niederländischen". *nachbarsprache niederländisch* 9 (1994) 1, S. 11–20.

“Ik liep naar mijn moeder, **die** in de keuken met rubberhandschoenen aan aardappels stond te schillen. Ze mikte ze in een pan water **die** in de spoelbak stond.”
(De Graaf, *Stella Klein*)

„Ich ging zu meiner Mutter, die in Gummihandschuhen in der Küche Kartoffeln schälte. Sie warf sie in einen Topf mit Wasser **im Spülbecken**.“
(H. van Beuningen)

Mit Präpositonalphrase:

“‘Julius the Nightfly,’ zei de bardame. Ze hield de deur open en liet ons binnen. Ze liep terug naar een kruk achter de bar en luisterde naar de jonge vrouw **die tegenover haar zat** en hun afgebroken gesprek vervolgde.”
(Möring, *Het grote verlangen*)

„‚Julius the Nightfly‘, sagte die Bardame. Sie hielt die Tür auf und ließ uns ein. Sie ging zu einem Hocker hinter der Bar zurück und hörte der jungen Frau **ihr gegenüber** zu, die ihr unterbrochenes Gespräch fortsetzte.“
(H. van Beuningen)

Mit Partizip Präsens:

“Ik zag haar daar in het donker, in slierten rook en gekleurd licht, in de armen van een boerenlul **die naar zweet en drank stonk**.”
(Möring, *Het grote verlangen*)

„Ich sah sie im Dunkel, in Schleiern von Rauch und farbigem Licht, in den Armen irgendeines **nach Schweiß und Alkohol stinkenden** Bauernlümmels.“
(H. van Beuningen)

Mit Possessivpronomen:

“Prostitueert ze zich hier? Maakt ze gebruik van zijn bed? Hoelang is dit al aan de gang? De kleren **die ze draagt**, die kleuren, dat ronde.”
(Verbeke, *Veronderstellingen*)

„Prostituiert sie sich hier? Benutzt sie sein Bett? Wie lange geht das schon so? **Ihre Kleider**, die Farben, das Runde.“
(Übersetzungsworkshop INP 2016)

3.3 *dat/dass*

Die niederländische Konjunktion *dat* wird weitaus häufiger zur Einleitung von Nebensätzen verwendet als das deutsche *dass*. Zwar ist es im Deutschen genauso möglich, *dass* zu verwenden, doch klingen die Sätze dadurch häufig plump und unbeholfen.[3] Um die ständige Wiederholung von *dass* zu vermeiden, kann in bestimmten Fällen die indirekte Rede in Kombination mit dem Konjunktiv verwendet werden (s. Kapitel 2.4.2) oder aus dem Nebensatz ein Hauptsatz gemacht werden.

“zus: zeg maar tegen hem **dat** hij niet hoeft te piekeren of te piepen **dat** hij zich geen zorgen hoeft te maken omdat hij weer beter worden zal	„Schwester: Sag ihm mal er soll sich nicht den Kopf zerbrechen er muss sich keine Sorgen machen weil es ihm bald wieder besser geht
broer: hij zegt **dat** hij zich toch zorgen maakt dat hij daar niks aan kan doen en **dat** hij het daarom graag weten wil waar je heen gaat als je sterft” (Vielen, *Doe de groeten aan de ganzen*)	Bruder: Er sagt, **dass** er sich trotzdem Sorgen macht er kann nichts dagegen machen und er möchte deshalb gerne wissen wohin man geht, wenn man stirbt“ (L. Mensing)

3 Vgl. Beuningen. „Literarisches Übersetzen aus dem Niederländischen“, S. 16.

4. Grafische Konventionen

4.1 Eigennamen und Transliteration

Sehr häufig wird man als Übersetzer mit dem Problem der Umschrift konfrontiert. Kann man beispielsweise einen hebräischen Begriff aus einem niederländischen Originaltext ins Deutsche übernehmen? Die Antwort lautet nein. Fast jede Sprache hat ein eigenes System, wie beispielsweise nicht-lateinische Schriften in lateinische Schrift zu übertragen sind. In den Niederlanden gibt das NEN die Norm vor, in Deutschland ist es die DIN. Diese Normen sind dem Übersetzer eine große Hilfe.

> Die Transliteration ist die „buchstabengetreue Umsetzung eines nicht in lateinischen Buchstaben geschriebenen Wortes in lateinische Schrift [unter Verwendung diakritischer Zeichen]" www.duden.de

Stößt man beim Übersetzen auf Eigennamen, zu denen vor allem Personennamen (bspw. aus der griechischen Mythologie, von Philosophen aus dem alten Griechenland, römischen Feldherren etc.) und geografische Namen gehören (Berlijn → Berlin; Hongarije → Ungarn), müssen diese oftmals übertragen werden. Viele der Eigennamen und ihre Übersetzung findet man in Wörterbüchern.

> Hiermit sind nicht die Namen von fiktiven Buchfiguren gemeint!

"Kijk, daar zit Eratosthenes, hij berekent de omtrek van de aarde. Hé, daar is **Aristarchus**, die begrijpt dat de zon het centrum van het heelal is. Zie je die man daar? Dat is de dichter **Callimachus**, die een revolutionair zoeksysteem uitdenkt voor de boekencollectie." (Van Veelen, *Aantekeningen over het verplaatsen van obelisken*)	Schau mal, da sitzt Eratosthenes, er berechnet die Erdumlaufbahn. Hey, da ist **Aristarch**, ihm wird gerade klar, dass die Sonne das Zentrum des Universums ist. Siehst du den Mann dort? Das ist der Dichter **Kallimachos**, der ein revolutionäres Suchsystem für die Büchersammlung erfindet.

4.2 Redewiedergabe

4.2.1 Komma + Inquit-Formel

Das Komma, das die Inquit-Formel einleitet, steht im Niederländischen am Ende der direkten Rede innerhalb der Anführungszeichen. Im Deutschen wird das Komma hinter dem Anführungszeichen unmittelbar vor der Inquit-Formel platziert.

"'Ik heb nog een hoop te doen,' zegt zij." (Polak, *Gebrek is een groot woord*)	„Ich habe noch viel zu tun", sagt sie.

4.2.2 Anführungszeichen

Während die direkte Rede im Niederländischen mit obenstehenden Anführungszeichen eingeleitet und abgeschlossen wird, stehen die Anführungszeichen im Deutschen am Beginn unten und am Ende der direkten Rede oben. Die niederländischen Anführungszeichen sind nach innen gerichtet (kleine „Sechsen" und „Neunen"), während die deutschen Anführungszeichen nach außen gerichtet sind (kleine „Neunen" und „Sechsen"):

"Dit is een voorbeeld."	„Das ist ein Beispiel."

4.3 Schreibweise nach Doppelpunkt

Im Deutschen wird der Doppelpunkt häufiger verwendet als im Niederländischen. Der auf den Doppelpunkt folgende Satz beginnt – sofern es sich dabei um einen vollständigen Satz handelt – mit einem Großbuchstaben.

"Alsof iemand dacht: goed, ik tegel tot hier, maar bij de roltrap stop ik." (Doornik, *Moeders van anderen*)	Als hätte jemand gedacht: Gut, bis zu diesem Punkt verlege ich Fliesen, aber an der Rolltreppe höre ich auf.

4.4 Akzentuierung

Im Niederländischen werden oftmals Akzente verwendet, um eine Silbe oder Wörter zu betonen. Im Deutschen verwendet man stattdessen Kursivschreibung, Großbuchstaben, mehrere Vokale (*Probleeeme*) oder Bindestriche (*Pro-blem*).

Möglichkeit I: Akzentuierung weglassen

"Maar nee, je denkt dat **míjn** leven ingewikkeld is." (Zantingh, *Na Mattias*)	Aber nein, du denkst, mein Leben sei kompliziert.

Möglichkeit II: Kursivierung

"Soms lukt het haar nog, op zeldzame momenten – en ik zeg dat het **háár** lukt, Anna, niet dat het mij lukt." (Zantingh, *Na Mattias*)	Manchmal schafft sie es noch, in seltenen Momenten – und ich sage, dass ***sie*** es schafft, Anna, nicht, dass ich es schaffe.

Möglichkeit III + IV: Mehrere Vokale/Bindestrich

"'Het probleem,' zeg ik, omdat Van Peursem lijkt te wachten op meer woorden, 'is dat het me te goed afgaat.' 'Het **probléém**?' 'Ik denk dat niet iedereen het echt **léúk** vindt om dit werk te doen.'" (Zantingh, *Na Mattias*)	„Das Problem", sage ich, weil van Peursem scheinbar auf weitere Worte wartet, „ist, dass es mir zu gut von der Hand geht." „Das **Pro-blem**?" „Ich glaube, dass nicht alle diese Arbeit wirklich **geeerne** machen."

4.5 Niederländische Namenszusätze

Niederländische Namenszusätze (tussenvoegsels) wie *van*, *de*, *ter*, *ten* etc. werden generell klein geschrieben, wenn der Vorname oder ein Initial davor stehen, und sonst meistens groß, manchmal auch klein. Im Deutschen werden sie grundsätzlich klein geschrieben, es sei denn, der Namenszusatz ist Teil eines zusammengesetzten Substantivs, wie beispielsweise beim *Van-Gogh-Museum*.

Didier Van Ranst	Didier van Ranst
Hij vertaalt de romans van **Van Essen** al sinds jaren.	Er übersetzt **van Essens** Romane schon seit Jahren.

5. Sonstiges

5.1 Nicht kleben bleiben

Ein beliebter Anfängerfehler ist es, zu wörtlich zu übersetzen und am Ausgangstext „kleben“ zu bleiben. Stattdessen sollte man sich gerade beim Übersetzen aus dem Niederländischen bis zu einem gewissen Maß vom Ausgangstext lösen, um den stilistischen Ansprüchen des Ausgangstexts gerecht werden zu können.

Wenn man nicht genau weiß, wie man den Stil eines Textes im Deutschen wiedergeben soll, ist es hilfreich, nach deutschen Quelltexten zu suchen, die ähnliche Stilmerkmale haben. Übersetzt man bspw. einen Briefroman, kann man in deutschen Briefromanen stöbern, um sich inspirieren zu lassen.

5.2 Wiederholungen

Wiederholungen werden in der niederländischen Literatur eher akzeptiert als im Deutschen, oder anders formuliert: Die deutsche Literatur ist Wiederholungen gegenüber empfindlicher, sie werden schneller als schlechter Stil empfunden, während sie im Niederländischen meistens nicht negativ auffallen. So kommen Wiederholungen bestimmter Formulierungen oder Satzanfänge hier häufiger vor als im Deutschen. In der niederländischen Literatur beginnen aufeinanderfolgende Sätze beispielsweise häufiger mit dem gleichen Subjekt. Sofern die Wiederholungen keinen stilistischen Effekt haben, sollten sie in der deutschen Übersetzung vermieden werden.

Bevor die Wiederholungen ersetzt werden, sollte erst überprüft werden, ob die Wiederholungen einen stilistischen Effekt haben.

“Het stond in een grote tuin met veel bomen en er woonden mensen in met veel geld. Dat bewaarden ze op de bank, want daar lag het veilig en kon **groeien**, als het gras en de bomen in de tuin. Het **groeide** dan ook.”
(Biegel, *Man en Muis*)

Es stand in einem großen Garten mit vielen Bäumen und wurde von Leuten mit viel Geld bewohnt. Das bewahrten sie auf der Bank auf, denn dort war es sicher und konnte **wachsen** wie das Gras und die Bäume im Garten. Und das **tat** es auch.

"**Oom knikte.** 'U hoeft er maar op te klikken en 't wordt bezorgd. En de bank betaalt automatisch.' **Oom knikte** weer." (Biegel, *Man en Muis*)	Der **Onkel nickte.** „Du musst es nur anklicken, dann wird es geliefert. Und die Bank bezahlt automatisch." **Er nickte** wieder.
"Wij veranderden op last van meneer de baron de voormalige bleek**weide** in een **weide** voor zijn rijpaarden." (Reugebrink, *Zout*)	„Wir verwandelten die ehemalige Bleich**wiese** im Auftrag des Herrn Baron in eine **Weide** für seine Reitpferde." (B. Erdmann)

5.3 Übergenauigkeit

In der niederländischen Literatur werden Handlungen - vor allem im Zusammenhang mit dem Körper - äußerst genau, ja in den Augen manch eines Übersetzers vielleicht sogar übergenau beschrieben. Es gibt immer wieder Informationen, die für den Leser redundant sind und in der Übersetzung nicht berücksichtigt werden müssen. Diese „Übergenauigkeit" spiegelt sich auch in Wegbeschreibungen wider, s. Kapitel 3.7.

Met de top van zijn linker wijsvinger beschrijft hij een perfecte cirkel.	Er beschrieb mit dem Zeigefinger einen perfekten Kreis.
"Je droeg losse klompjes aan je voeten." (Theunynck, *Spectaculair*)	Du trugst lockere Clogs.

5.4 Realien

Ein umfangreiches Wissen über die Kultur der Niederlande und Belgiens ist für das Übersetzen unabdingbar. Hierzu gehören die sogenannten Realien: Realien sind Dinge, Namen, Konzepte etc., die eng mit einer spezifischen Kultur verbunden sind, wie beispielsweise die Firmennamen von Einkaufsketten wie *Albert Heijn*, *Jumbo* oder

Delhaize oder Biermarken wie *Heineken* oder *Leffe*. Darüber hinaus sind auch Bezeichnungen für bestimmte Institutionen oder gesellschaftliche Phänomene (*gedoogbeleid*, *parastatale instellingen*), historische Ereignisse oder jährliche Traditionen (*Prinsjesdag*), Lebensmittel (*vla, neuzekes*) oder Gebrauchsgegenstände (*bakfiets*) Realien. Kennt man sich mit der niederländischen und der belgischen Kultur aus, kann man viele Übersetzungsfehler vermeiden. So handelt es sich bei *Patatje oorlog* keineswegs um *Kriegspommes*, sondern um eine niederländische Imbissspezialität, bei der Pommes zusammen mit Erdnusssoße, Mayonnaise und gehackten Zwiebeln serviert werden.

Manchmal ist es sinnvoll, bestimmte kulturspezifische Phänomene mithilfe einer geschickten Hinzufügung zu erläutern:

"'Luister's, meester Quispel' (het woord 'meester' vol verachting langgerekt uitgesproken)"
(A. F. Th. van der Heijden, *Advocaat van de hanen*)

„Hör zu, Meester Quispel‘ (wobei sie ‚Meester‘, **den akademischen Titel eines Juristen**, verachtungsvoll in die Länge dehnten)“
(H. van Beuningen)

6. Literaturtipps

6.1 Hilfreiche Nachschlagewerke

Da eine Liste mit Literaturtipps nie vollständig sein kann, werden hier lediglich einige Empfehlungen gegeben.

Neben den einschlägigen Wörterbüchern wie *De Grote van Dale* und dem *Duden*, die wahrscheinlich jeder Übersetzer auf dem Schreibtisch stehen oder im Browser geöffnet hat, gibt es zahlreiche weitere Nachschlagewerke, die beim Übersetzen hilfreich sein können. So gibt es neben den normalen Wörterbüchern auch Synonymwörterbücher wie A. M. Textors *Sag es treffender. Das Synonym-Wörterbuch für den täglichen Gebrauch* (2017) oder Hans Schemanns *Synonymwörterbuch der deutschen Redensarten* (1992), Idiomatikwörterbücher wie Van Dales *Idioomwoordenboek* (1999), Wörterbücher für Sprichwörter wie Kornelis ter Laans *Nederlandse spreekwoorden, spreuken en zegswijzen* (2003) oder sogar thematische Wörterbücher wie G. L. Lenneps *Verklarend oorlogswoordenboek* (1988). Auch für die verschiedenen Varietäten des Niederländischen gibt es passende Wörterbücher, zum Beispiel *Het Vlaams Woordenboek*, das online verfügbar ist oder Walter de Clercks *Nijhoffs Zuidnederlands Woordenboek* (1981) und viele mehr.

> Ein gutes Netzwerk und der Austausch mit Kollegen und Muttersprachlern z. B. bei Buchmessen, den Vertaaldagen etc. ist äußerst wichtig.

Nicht nur Wörterbücher und Nachschlagewerke helfen beim Übersetzen, auch ein fundiertes Fachwissen hilft beim Finden von Lösungsstrategien. Es gibt unzählige Fachbücher, von denen hier nur eine Handvoll genannt werden können. Das Textbuch *Denken over vertalen. Tekstboek vertaalwetenschap* (2010) von Ton Naaijkens et al. bietet einen guten und übersichtlichen Einstieg in die Übersetzungswissenschaften, Arthur Langevelds *Vertalen wat er staat* (2013) ist ein echter Klassiker im Bereich der niederländischsprachigen Übersetzungswissenschaften und auch Mary Snell-Hornbys *Handbuch Translation* (1999) ist seit Jahren hoch angesehen.

Wer sich genauer mit Stil und Stilistik im Zusammenhang mit Übersetzen auseinandersetzen möchte, kann auf Jean Boase-Beiers *Translation and Style* (2019) zurückgreifen oder Ninke Stukkers und

Arie Verhagens *Stijl, taal en tekst* (2019) lesen, das einen sprachwissenschaftlichen Ansatz verfolgt. Als Klassiker auf dem Gebiet der Stilistik im Zusammenhang mit Literatur gilt Geoffrey Leech und Michael Shorts *Style in Fiction* (2007).

6.2 Webseiten: Verbände etc.

Bücherfrauen: https://www.buecherfrauen.de
Bundesverband der Dolmetscher und Übersetzer: https://bdue.de
CLIV (Centrum voor Literatuur in Vertaling): https://www.cliv.be
Deutscher Übersetzerfonds: http://www.uebersetzerfonds.de
DNLit – Literarisches Übersetzen und Kulturtransfer: www.dnlit.de
Expertisecentrum Literair Vertalen: https://literairvertalen.org
Europäisches Übersetzer-Kollegium: http://www.euk-straelen.de
Fachvereinigung Niederländisch: http://www.fvnl.de
Flanders literature: https://www.flandersliterature.be
Filter – Tijdschrift over vertalen: www.tijdschrift-filter.nl
Literarisches Colloquium Berlin: https://lcb.de
Kennisbank Expertisecentrum Literair Vertalen: https://literairvertalen.org/kennisbank
Nederlands Letterenfonds: http://www.letterenfonds.nl
Übersetzerportal: https://uepo.de
Verband deutscher Übersetzer: www.literaturuebersetzer.de
Vertalershuis Amsterdam & Literaire Vertaaldagen: http://www.vertalershuis.nl
Weltlesebühne: https://weltlesebuehne.de

Bibliografie

Primärliteratur

Biegel, Paul. *Man en muis*. Haarlem: Uitgeverij Holland 2003.

Biesheuvel, J. M. A. *Korte verhalen uit de jaren zeventig*. Tübingen: Erdmann, 1979. D: „Der Herr Mellenberg“, übersetzt von Siegfried Mrotzek. *Niederlande*, S. 372–384.

Brande, Joris van den. *Geef mijn hand terug*. 2017. [Unpubliziertes Theaterstück]

Brouwers, Jeroen. *26 nieuwe verhalen*. Amsterdam: Arbeiderspers. D: „Das Telefon“, übersetzt von Stefan Diederich. *Mit anderen Augen*, hrsg. von H. Van Uffelen & H. Vekeman. Köln: Frank Runge 1985, S. 29–48.

Claus, Hugo. *Het verdriet van België*. Amsterdam: De Bezige Bij 1983. D: *Der Kummer von Belgien*. Übersetzt von Waltraud Hüsmert. Stuttgart: Klett-Cotta 2008.

Claus, Hugo. *Onvoltooid verleden*. Amsterdam: De Bezige Bij 1998. D: *Unvollendete Vergangenheit*. Übersetzt von Waltraud Hüsmert. Stuttgart: Klett-Cotta 2001.

Dam, Nhung. *Duizend vaders*. Amsterdam: De Bezige Bij 2017. D: *Tausend Väter*. Übersetzt von Bettina Bach & Christiane Kuby. Berlin: Ullstein 2019.

Doornik, Mirthe van. *Moeders van anderen*. Amsterdam: Prometheus 2018.

Driessen, Martin Michael. *Mijn eerste moord en andere verhalen*. Amsterdam: Van Oorschot 2018.

Elsschot, Willem. *Kaas*. Amsterdam: Athenaeum, Polak & Van Gennep 2012. D: *Käse*. Übersetzt von Agnes Kalmann-Matter & Gerd Busse. Zürich: Unionsverlag 2004.

Graaf, Hermine de. *Stella Klein*. Amsterdam: Meulenhoff 1990. D: *Stella Klein*. Übersetzt von Helga van Beuningen. Frankfurt am Main: Suhrkamp 1993.

Hart, Maarten ’t. *Ongewenste zeereis/Eine unfreiwillige Seereise*. Zweisprachige Ausgabe. Göttingen: Bert Schlender 1985. Übersetzung: Übersetzungsworkshop Universität Oldenburg.

Heijden, A. F. Th. van der. *Advocaat van de hanen*. Amsterdam: De Bezige Bij 1990. D: *Der Anwalt der Hähne*. Übersetzt von Helga van Beuningen. Frankfurt am Main: Suhrkamp 1995.

Hermans, Willem Frederik. *Onder professoren*. Amsterdam: De Bezige Bij 1975. D: *Unter Professoren*. Übersetzt von Helga van Beuningen & Barbara Heller. Zürich: Diogenes 1986.

Hermans, Willem Frederik. *Nooit meer slapen*. Amsterdam: De Bezige Bij 2003. D: *Nie mehr schlafen*. Übersetzt von Rosemarie Still. Zürich: Diogenes 1986. Neu übersetzt von Waltraud Hüsmert. Leipzig: Kiepenheuer 2002.

Hertmans, Stefan. *Oorlog en terpentijn*. Amsterdam: De Bezige Bij 2013. D: *Der Himmel meines Großvaters*. Übersetzt von Ira Wilhelm. Berlin: Hanser 2014.

Jongstra, Atte. *Worst*. Amsterdam: Arbeiderspers 2014.

Loo, Tessa de. *De meisjes van de suikerwerkfabriek*. Amsterdam: Arbeiderspers 1984. D: *Die Mädchen von der Süßwarenfabrik*. Übersetzt von Rosemarie Still. München: Deutscher Taschenbuch Verlag 1994.

Mulisch, Harry. *De aanslag*. Amsterdam: De Bezige Bij 1982. D: *Das Attentat*. Übersetzt von Annelen Habers. München u. a.: Hanser 1986.

Mulisch, Harry. *Het theater, de brief en de waarheid*. Amsterdam: Stichting Collectieve Propaganda van het Nederlandse Boek 2010. D: *Das Theater, der Brief und die Wahrheit*. Übersetzt von Gregor Seferens. München u. a.: Hanser 2000.

Möring, Marcel. *Het grote verlangen*. Amsterdam: Meulenhoff 1992. D: *Das große Verlangen*. Übersetzt von Helga van Beuningen. Frankfurt am Main: Suhrkamp 1994.

Nooteboom, Cees. *'s Nachts komen de vossen*. Amsterdam: De Bezige Bij 2009. D: *Nachts kommen die Füchse. Erzählungen*. Übersetzt von Helga van Beuningen. Frankfurt am Main: Suhrkamp 2009.

Peeters, Elvis. *De ommelanden*. Amsterdam: Podium 2019.

Pfeijffer, Ilja Leonard. *Grand Hotel Europa*. Amsterdam: De Arbeiderspers 2018. D: *Grand Hotel Europa*. Übersetzt von Ira Wilhelm [erscheint 2020].

Polak, Nina. *Gebrek is een groot woord*. Amsterdam: Prometheus 2018.

Reugebrink, Marc. *Zout*. Antwerpen: Querido 2019. D: Sample-Übersetzung: Birgit Erdmann.

Robben, Jaap. *Zomervacht*. Breda: De Geus 2018.

Ten Napel, Roelof. *Het leven zelf*. Amsterdam: Atlas Contact 2017.

Theunynck, Zita. *Het wordt spectaculair. Beloofd*. Antwerpen: Vrijdag 2017.

Veelen, Arjen van. *Aantekeningen over het verplaatsen van obelisken*. Amsterdam: De Bezige Bij 2017.

Verbeke, Annelies. *Veronderstellingen*. Breda: De Geus 2012. D: Kurzgeschichte „Das Recht". Übersetzung: Übersetzungsworkshop INP 2016. Münster: *nachbarsprache niederländisch* 33 (2018), S. 112–119.

Vielen, Freek. *Doe de groeten aan de ganzen*. 2018 [unpubliziert]. D: *Viele Grüße an die Gänse*. Übersetzt von Lisa Mensing. München: Drei Masken Verlag 2019.

Zantingh, Peter. *Na Mattias*. Amsterdam: Das Mag 2018.

Sekundärliteratur

ANS-E. Die digitale Version der zweiten, überarbeiteten Ausgabe der Algemene Nederlandse Spraakkunst: http://ans.ruhosting.nl/e-ans/05/02/04/02/body.html

Beelen, Hans. "Nederlandse literatuur in Duitse vertaling." *Onze Taal* 62 (1993) 11, S. 252–254.

Beuningen, Helga van. „Literarisches Übersetzen aus dem Niederländischen". *nachbarsprache niederländisch* 9 (1994) 1, S. 11–20.

Claes, Paul. *Gouden Vertaalregels. Tips voor beginnende [en andere] vertalers.* Nijmegen: Vantilt 2018.

Eickmans, Heinz. „‚Einklammerung' als Übersetzungstransformation. Zur Nachfeldbesetzung in deutschen Literaturübersetzungen aus dem Niederländischen." *Leuvense Bijdragen* 99–100 (2016), S. 153–169.

Gabriel-Kamminga, Mirjam & Johanna Roodzant. *Grammatik kurz & bündig. Niederländisch.* Stuttgart: Pons 2014.

Gucht, Fieke van der; Johan de Caluwe; Mathilde Jansen & Nicoline van der Sijs. *Atlas van de Nederlandse taal. Editie Vlaanderen.* Tielt: Lannoo 2017.

Hoberg, Ursula & Rudolf Hoberg (Hrsg.). *Der kleine Duden. Deutsche Grammatik.* 4., vollständig überarbeitete Auflage. Mannheim: Dudenverlag 2009.

Lange, Klaus-Peter. *Fehlergrammatik Niederländisch – Deutsch. Met een verklarende terminologielijst van Xandra Driessen-Schut.* Bussum: Coutinho 1993.

Leclercq, Robert. „Aktionsart im Niederländischen und im Deutschen." S. Sonderegger & J. Stegeman (Hrsg.). *Geben und Nehmen. Theoretische und historische Beiträge zur deutschen Rezeption niederländischer Sprache und Literatur.* Dordrecht: ICG Publications 1993, S. 187–222.

Nehls, Dietrich. „English DO/MAKE compared with German TUN/MACHEN and Dutch DOEN/MAKEN. A synchronic-diachronic approach." *International Review of Applied Linguistics in Language Teaching* (1991) 29, S. 303–316.

Nübling, Damaris & Marianne Vogel. „Fluchen und Schimpfen kontrastiv. Zur sexuellen, krankheitsbasierten, skatologischen und religiösen Fluch- und Schimpfwortprototypik im Niederländischen, Deutschen und Schwedischen." *Germanistische Mitteilungen* 59 (2004), S. 19–33.

Rogge, Christian. „‚Zur Strafe eine flämische Geschichte' oder ‚a real good Flemish story'? Ein kritischer Vergleich der deutschen und englischen Übersetzung von Hugo Claus' *Het verdriet van België.*" *nachbarsprache niederländisch* 8 (1993) 1, S. 1–14.

Schreiber, Michael. „Stilistische Probleme der niederländisch-deutschen Übersetzung." *Linguistica Antverpiensia* XXVI (1992), S. 103–124.

Stuyckens, Geert. „Der gelegentliche Gebrauch des Suffixes *-chen* zur Diminuierung von Adjektiven und Adverbien im deutschen Online-Sprachgebrauch aus niederländischer Sicht.“ *Leuvense Bijdragen* 99–100 (2016), S. 47–63.

Sudhoff, Stefan. “Ja, ik spreek Nederlands – But not wel.” E. van der Knaap & C. Koster (Hrsg.). *Teksten in beweging. Over vertaling, vertalers en literatuur*. Nijmegen: Vantilt 2019, S. 205–212.

Weber, Anne Katrin Elisabeth. *Von Bonsaihund, Runzelmaulwurf und Monchichi-Bärchen. Eine Studie zu Ad-hoc-Nominalkomposita des Deutschen in der Translation anhand deutscher, französischer und italienischer Ausgangs- und Zieltexte*. Saarbrücken: Universaar 2016.

Wermke, Matthias (Hrsg.). *Duden. Die Grammatik. Unentbehrlich für richtiges Deutsch*. 7., völlig neu bearb. und erw. Auflage. Mannheim: Dudenverlag 2006.

Literaturtipps und weiterführende Literatur

Boase-Beier, Jean. *Stylistics and translation*. 2. Auflage. London: Routledge 2019.

Cate, Abraham P. ten. „Präsentische und präteritale Tempora im deutsch-niederländischen Sprachvergleich.“ W. Abraham & T. Janssen. *Tempus. Aspekt. Modus*. Tübingen: Max Niemeyer Verlag 1989, S. 133–154.

Clerck, Walter de. *Nijhoffs Zuidnederlands Woordenboek*. ’s Gravenhage: Nijhoff 1981.

Eickmans, Heinz. „Auf der Suche nach den ‚wahren Freunden‘. Zur besonderen Problematik der lexikalischen Kontrastanalyse bei nahverwandten Sprachen.“ H. Eickmans et al. (Hrsg.). *Niederländischunterricht an deutschen Schulen und Volkshochschulen. Beiträge des Münsteraner Kolloquiums vom 3./4. März 1988*. Münster 1989, S. 38–48.

Gauger, Hans-Martin. *Das Feuchte und das Schmutzige. Kleine Linguistik der vulgären Sprache*. München: C. H. Beck 2012.

Gerritsen, Marinel. „Towards a more gender-fair usage in Netherlands Dutch.“ M. Hellinger & H. Bußmann (Hrsg.). *Gender across languages. The linguistic representation of women and men*. Bd. 2. Amsterdam: John Benjamins 2002, S. 81–108.

Groot, Hans de. *Idioomwoordenboek. Verklaring en herkomst van uitdrukkingen en gezegden*. Utrecht: Van Dale 1999.

Het Vlaams woordenboek: http://www.vlaamswoordenboek.be/

Kremer, L. „Duzen und Siezen. Zur Verwendung der Anredepronomina im Deutschen und im Niederländischen“. *Germanistische Mitteilungen 52* (2000), S. 13–31.

Laan, Kornelis ter & A.M. Heidt. *Nederlandse spreekwoorden, spreuken en zegswijzen*. Utrecht: Spectrum 2003.

Langeveld, Arthur. *Vertalen wat er staat*. Amsterdam: Atlas Contact 2013.

Leech, Geoffrey & Mick Short. *Style in fiction. A Linguistic Introduction to English Fictional Prose*. London / New York: Longman 1981.

Lennep, G.L. van. *Verklarend oorlogswoordenboek*. Amsterdam: Bert Bakker 1988.

Mortelmans, Tanja. „Zij is een powerfeministe. Nog eens functie-en rolbenamingen in het Nederlands vanuit contrastief perspectief.“ *Tijdschrift voor genderstudies* 11 (2008) 1, S. 7–19.

Naaijkens, Ton, Cees Koster, Henri Bloemen & Caroline Meijer (Hrsg.). *Denken over vertalen. Tekstboek vertaalwetenschap*. Nijmegen: Vantilt 2010.

Schemann, Hans. *Synonymwörterbuch der deutschen Redensarten*. Stuttgart: Klett 1992.

Snell-Hornby, Mary. *Handbuch Translation*. Tübingen: Stauffenburg-Verlag 1999.

Stukker, Ninke & Arie Verhagen. *Stijl, taal en tekst*. Leiden: Leiden University Press 2019.

Textor, A.M. *Sag es treffender. Das Synonym-Wörterbuch für den täglichen Gebrauch*. 4. aktualisierte Auflage. Reinbek bei Hamburg: Rowohlt Taschenbuch Verlag 2017.

Weinrich, Harald. *Tempus. Besprochene und erzählte Welt*. München: Beck 2001.

Westheide, Henning. „Eine kontrastive Analyse der Partikeln deutsch *wohl* und niederländisch *wel*.“ *Zeitschrift für germanistische Linguistik* 13 (1985), S. 186–202.

Notizen

Notizen

Notizen

Notizen

Notizen

Notizen

Notizen